O LIVRO DE LILITH

Biblioteca
Psicologia e Mito

BARBARA BLACK KOLTUV, Ph.D.

O LIVRO DE LILITH

O Resgate do Lado Sombrio do Feminino Universal

Tradução
Rubens Rusche

Editora Cultrix
SÃO PAULO

Título do original: *The Book of Lilith*.
Copyright © Barbara Black Koltuv. Publicado pela primeira vez em 1986 por Nicolas-Hays, Inc., Box 612, York Beach, Maine 03910, U.S.A.

Copyright da edição brasileira © 1989 Editora Pensamento-Cultrix Ltda.

1ª edição 1989.
2ª edição 2017.
5ª reimpressão 2021.

Todos os direitos reservados. Nenhuma parte desta obra pode ser reproduzida ou usada de qualquer forma ou por qualquer meio, eletrônico ou mecânico, inclusive fotocópias, gravações ou sistema de armazenamento em banco de dados, sem permissão por escrito, exceto nos casos de trechos curtos citados em resenhas críticas ou artigos de revistas.

A Editora Cultrix não se responsabiliza por eventuais mudanças ocorridas nos endereços convencionais ou eletrônicos citados neste livro.

Editor: Adilson Silva Ramachandra
Editora de texto: Denise de Carvalho Rocha
Gerente editorial: Roseli de S. Ferraz
Produção editorial: Indiara Faria Kayo
Editoração eletrônica: Join Bureau
Revisão: Bárbara Parente

Dados Internacionais de Catalogação na Publicação (CIP)
(Câmara Brasileira do Livro, SP, Brasil)

Koltuv, Barbara Black
   O Livro de Lilith: o resgate do lado sombrio do feminino universal / Barbara Black Koltuv; tradução Rubens Rusche. – 2. ed. – São Paulo : Cultrix, 2017. – (Coleção biblioteca psicologia e mito)

Título original: The book of Lilith
ISBN: 978-85-316-1406-4

1. Lilith (Mitologia semítica) 2. Mitologia 3. Psicologia I. Rusche, Rubens. II. Título.

17-04198   CDD-201.3

Índices para catálogo sistemático:
1. Mitologia 201.3

Direitos de tradução para a língua portuguesa adquiridos com exclusividade pela
EDITORA PENSAMENTO-CULTRIX LTDA., que se reserva a
propriedade literária desta tradução.
Rua Dr. Mário Vicente, 368 — 04270-000 — São Paulo, SP
Fone: (11) 2066-9000
http://www.editoracultrix.com.br
E-mail: atendimento@editoracultrix.com.br
Foi feito o depósito legal.

SUMÁRIO

Prefácio 9

Lilith no Talmud 11

Introdução 13

Capítulo I: Origens 15

Capítulo II: Vida e Atos 39

Capítulo III: Lilith, a Sedutora 67

Capítulo IV: Lilith e as Filhas de Eva 95

Capítulo V: Expulsa e Redimida 133

Bibliografia 175

Para Salomão e os pequenos rostos

PREFÁCIO

Lilith, o demônio feminino noturno de longos cabelos, esquivou-se, durante anos, a esta antologia. Finalmente, comecei a entender. Ela é uma força, um poder, uma qualidade, uma renegada. Um Espírito Livre. Odeia ser contida (contada) pelo Verbo. É interessante observar que a maioria dos relatos a respeito de Lilith aparecem no Zohar, o Livro do Esplendor, uma obra cabalística do século XIII, escrita por homens preocupados em acautelar outros homens contra seus poderes.

A gravidade de suas palavras, as pesadas correntes de ferro que, aprisionando-a nos amuletos do século VI, pretendiam bani-la e o peso do corpo de Adão a subjugá-la durante o enlace conjugal, constituem o anátema de Lilith. Obrigam-na a fugir. E cada vez que eu tentava, através das palavras, falar a seu respeito, ela escapava para as margens do Mar Vermelho ou para o deserto, ou então voava para as alturas, unindo-se aos querubins e a Deus, até que, por fim, do mesmo modo que Salomão, que Elias e que os três anjos de Deus, fiz um trato com ela: eu repetiria todas as histórias, mitos e lendas contados pelos homens e, ao mesmo tempo, Lilith teria o seu Caminho. Ela untou seu corpo com óleo e, nua, dançou no deserto diante de uma fogueira. Ela dançava e eu observava, até que senti o significado de seus movimentos no meu próprio corpo, na minha própria alma. Só então pude começar a escrever sobre Lilith e os filhos de Eva.

BBK

LILITH NO TALMUD[1]

Lilith, um notório demônio noturno, possui longos cabelos (B. Er. 100b).

Lilith, demônio feminino da noite, tem um aspecto humano, mas também tem asas (B. Nido 24b).

---

[1] A edição do *Talmud* citada neste livro é a edição hebraica e inglesa de *The Babylonian Talmud*, organizada pelo rabino I. Epstein e publicada pela Socino Press, Londres, 1978.

O rabino Jerimia ben Eleazar afirmou ainda: "Naqueles anos, depois de ser expulso do Jardim do Éden, Adão, o primeiro homem, esteve sob banimento; durante esse período ele gerou espíritos, demônios machos e demônios fêmeas noturnos, ou Liliths." O rabino Meir disse: "Adão... rompeu relações com sua mulher durante 130 anos e cobriu seu corpo com folhas de figueira durante 130 anos... Essa afirmação, segundo a qual Adão gerou Lilim, foi feita com referência ao sêmen que ele, acidentalmente, derramou." (B. Er. 18b).

O rabino Hanina disse: "Não se deve dormir sozinho numa casa, pois todo aquele que dorme sozinho numa casa é agarrado por Lilith" (B. Shab. 151b).

INTRODUÇÃO

Lilith, um irresistível demônio feminino da noite, de longos cabelos, sobrevoa as mitologias suméria, babilônia, assíria, cananeia, persa, hebraica, árabe e teutônica. Durante o terceiro milênio antes de Cristo, na Suméria, ela foi, a princípio, *Lil*, uma tempestade destruidora ou espírito do vento. Entre os semitas da Mesopotâmia, ela ficou conhecida como *Lilith*, que, mais tarde, ao confabular com *layil* (a palavra hebraica para noite), tornou-se Lilith, um demônio noturno que agarra os homens e as mulheres que dormem sozinhos, provocando-lhes sonhos eróticos e orgasmo noturno. No século VIII a.c., na Síria, Lilith, o súcubo, foi associada a uma outra figura demoníaca que, anteriormente, tivera uma existência à parte: Lamashtu, a bruxa assassina de crianças. Sob essa forma, Lilith, a Estranguladora Alada, tornou-se conhecida, em todo o mundo, com os nomes de a Dama de Pernas de Asno, a Diaba Raposa, a Sugadora de Sangue, a Mulher Devassa, a Estrangeira, a Fêmea Impura, o Fim de Toda Carne, o Fim do Dia, *bruha, strega,* bruxa, feiticeira, raptora e maga. Associada à serpente, ao cão, ao asno e à coruja, à emissão de horríveis sons noturnos, e considerada a alma de todo ser vivo que rasteja, ela foi a primeira mulher de Adão, a fêmea do Leviatã, a mulher de Samael, o Diabo, e do rei Ashmodai, a rainha de Sabá e Zamargad, e até mesmo a esposa do próprio Deus, durante o tempo em que Shekhina esteve no exílio. As tentativas no sentido de suprimi-la e de negá-la remontam ao século VI a.C., mas ela sempre retorna, sedutora e assassina de crianças, e continuará a fazê-lo até o advento do Messias, quando os espíritos impuros serão expulsos da face da Terra. (Zc 13:2).[2] Este livro, uma antologia psicológica, é uma tentativa de contar sua história, de evocar sua presença na consciência e de investigar seu significado na psique moderna.

---

[2] As referências bíblicas que aparecem neste livro são da *The Jerusalem Bible* (Doubleday, Nova York, 1966) e das *The Holy Scriptures According to the Masoretic Text*, volumes I e II (Jewish Publication Society, Filadélfia, 1955).

CAPÍTULO I
Origens

As origens de Lilith ocultam-se num tempo anterior ao próprio tempo. Ela surgiu do caos. Embora existam muitos mitos acerca de seus primórdios, Lilith aparece nitidamente, em todos eles, como uma força contrária, um fator de equilíbrio, um peso contraposto à bondade e masculinidade de Deus, porém de igual grandeza.

No Princípio

De acordo com o Zohar,[1] o livro do esplendor:

Deus criou duas grandes luzes. As duas luzes ascenderam juntas com a mesma dignidade. A Lua, porém, não estava à vontade com o Sol e, na verdade, cada um se sentia mortificado pelo outro. A Lua disse: "Onde apascentas o teu rebanho?" (Ct, 1:7). O Sol disse: "Onde levas a repousar teu rebanho ao meio-dia?" (Ct. 1:7). "Como pode uma pequena vela brilhar ao meio-dia?" Por isso, Deus disse a ela: "Vai e torna-te menor." Ela se sentiu humilhada e disse: "Por que razão seria eu como a que se cobre com um véu?" (Ct. 1:7). Deus disse então: "Segue teu caminho guiando-te pelas pegadas do rebanho." Por isso, ela diminuiu a si mesma de tal modo que se tornou a líder das fileiras mais inferiores. Desde então, nunca mais teve luz própria,

---

[1] O Zohar é uma obra cabalística do século XIII que, na essência, é uma meditação a respeito do Velho Testamento. Assim, "onde apascentas o teu rebanho" é uma citação do *Cântico dos Cânticos* 1:7. As referências que nos textos citados do Zohar aparecem entre parênteses são da Bíblia. As referências entre colchetes são meus próprios esclarecimentos da tradução inglesa do Zohar, enquanto as referências no final das citações mais longas (por exemplo, Zohar I 19b) designam a fonte da citação. A edição do Zohar utilizada neste livro é uma tradução inglesa organizada por Harry Sperling e Maurice Simon, publicada pela Rebecca Bennet Publications, Nova York, sem data, e pela Socino Press, Londres, 1984.

obtendo sua luz do Sol. A princípio, eles continuaram em pé de igualdade; mais tarde, porém, ela foi se tornando a menor de suas próprias fileiras, embora continuasse a líder delas. Quando a Lua estava em conexão com o Sol era luminosa; mas tão logo se separou do Sol e foi-lhe atribuído o comando de suas próprias hostes, ela reduziu sua posição e sua luz, e cascas sobre cascas foram criadas para cobrir o cérebro, e tudo em proveito do cérebro (Zohar I 20a).

Depois que a luz primordial foi afastada, criou-se, ali, uma "membrana para a polpa", uma *k' lifah* ou casca, e esta *k' lifah* expandiu-se e produziu uma outra, que foi Lilith (Zohar I 19b).

Vemos assim que, no princípio, o Sol e a Lua eram iguais em dignidade. (Ver figura 1.) O Zohar explica como as origens da Lua fizeram-na se esforçar no sentido de fundir-se com o Sol:

Ele ordenou que, da região das Trevas, emergisse uma espécie de lua feminina, cujo nome é noite e governa a noite, sendo associada a *Adonai*, o Senhor de toda a Terra (Zohar I 16b)... a Esquerda, o lado das Trevas, flamejou com todo o seu poder, provocando, por toda parte, uma espécie de reflexo, e dessa chama ardente surgiu a essência feminina, que é semelhante à da lua... Assim como as Trevas desejam

Figura 1. Aqui, o Sol e a Lua, o macho e a fêmea, combatem. Um confronto de opostos, em que cada princípio oponente detém o seu oposto; por isso, os escudos. (Extraído de *Aurora Consurgens*, final do século XIV. Cortesia da Zentralbibliothek, Zurique, Ms. Rh. 172f. 10.)

fundir-se com a Luz, a noite também deseja fundir-se com o dia (Zohar I 17a-b). Tudo isso é revelado no Livro de Adão. Nele diz-se que quando as Trevas reivindicaram seus direitos, fizeram-no com violência (Ct 1:7). Mas assim que a cólera e a violência abrandaram, surgiu um novo tipo de desavença, a saber, uma desavença amorosa... (Zohar I 16b-17b).

Para pôr um fim na discórdia entre a Lua e o Sol, Deus provocou uma separação. Ele obrigou a Lua a tornar-se menor e a seguir as pegadas do rebanho, à frente das fileiras mais inferiores:

> É justo e adequado que as duas luzes governem, a luz maior de dia e a luz menor de noite... Deste modo, o domínio do dia pertence ao macho e o domínio da noite, à fêmea. Há dois tipos de luzeiros. Os mais distantes chamam-se "luzeiros de luz" e os mais próximos, "luzeiros de fogo" (Zohar I 20b).

Embora os dois luzeiros continuem a governar, é claro que a Lua se sente inferiorizada. A intervenção de Deus nessa desavença amorosa priva-a de sua liberdade de escolha. A diminuição da Lua tem como resultado a *k' lifah* (ou casca do mal) da qual nasceu Lilith. Diz-se que, da cabeça até o umbigo, o corpo de Lilith é o de uma bela mulher; porém, do umbigo para baixo, ela é um fogo abrasador.[2] A partir desses mitos do Zohar, vemos que a energia de Lilith deriva do ressentimento e da diminuição da Lua. Ela é sombria, ardente e noturna.

O Zohar fornece minuciosas instruções para o aprofundamento da consciência e da individuação mediante o conhecimento de Lilith e de sua natureza. No trecho a seguir, faz-se uma analogia entre Lilith e as membranas do mal, ou o lado

---

[2] Raphael Patai, *Gates to the Old City*, Nova York, Avon, 1980, p. 464.

feminino e sombrio do Eu que se manifesta nos homens e mulheres em seus sonhos noturnos. O trecho explica como os sucessivos encontros com a sombra transpessoal, em sua forma feminina e sombria, se fazem necessários para "a permanência do mundo". Trata-se de um ponto de vista análogo ao de Jung, segundo o qual "Deus quer nascer, na chama da consciência humana, lançando-se sempre mais para o alto. Mas como isso é possível se não há raízes na Terra? Se em vez de uma casa de pedra, onde o fogo de Deus pode habitar, houver apenas uma miserável palhoça..."[3] O conhecimento dessa sombra de Lilith é necessário para fortalecer o ego do homem e criar um equilíbrio para o eixo do próprio ego, isto é, construir uma casa de pedra para a consciência do homem.

O rei Salomão, quando penetrou no profundo jardim das nogueiras (Ct 6:11), apanhou uma casca de noz, uma *k' lifah*, e esboçou uma analogia entre suas camadas e esses espíritos [Lilith] que despertam desejos sensuais nos seres humanos... e os prazeres aos quais os homens se entregam na hora do sono... O Senhor, abençoado seja, julgou necessário criar todas essas coisas no mundo para assegurar sua permanência, de modo que devia haver, por

---

[3] C. G. Jung, *Letters*, Princeton, Princeton University Press, Bollingen Series, 1973, vol. I, p. 65.

assim dizer, um cérebro com muitas membranas a envolvê-lo. O mundo inteiro é construído segundo esse princípio, o de cima e o de baixo, desde o primeiro ponto místico acima até o mais remoto de todos os estágios. Cada um deles (20a) é um invólucro do outro, cérebro dentro de cérebro e espírito dentro de espírito, de modo que cada um é a concha do outro. O primeiro ponto é a mais recôndita luz, cuja translucidez, tenuidade e pureza ultrapassam qualquer compreensão. A extensão desse ponto forma um "palácio" *(Hekal)*, que constitui uma vestimenta desse ponto com um esplendor ainda desconhecido em virtude de sua translucidez. O "palácio", que é a vestimenta desse ponto desconhecido, é também uma irradiação que não pode ser compreendida, embora menos sutil e translúcida do que aquela do primeiro ponto místico. Este "palácio" se estende no interior da Luz primordial, que é a sua vestimenta. A partir desse ponto, existe extensão após extensão, cada uma formando uma vestimenta para a outra, estando uma para a outra na relação de membrana e cérebro. Embora sendo a princípio uma vestimenta, cada estágio torna-se um cérebro para o estágio seguinte. O mesmo processo ocorre abaixo, de modo que, segundo esse modelo, o homem reúne neste mundo cérebro e invólucro, espírito e corpo, tudo para a melhor ordenação do mundo. Quando a Lua estava em conexão com o Sol, ela era luminosa, mas assim que se separou dele e foi-lhe atribuído o comando de suas próprias hostes, ela reduziu sua posição e sua luz, e membranas sobre membranas foram criadas para envolver o cérebro, e tudo em proveito do cérebro (Zohar I 19b-20a).

O conhecido diagrama *quartenio* do casamento forma a base de vários mitos cabalísticos a respeito das origens de Lilith. Conta-se que Lilith originou-se daquele aspecto autoritário de Deus, de seu poder de julgar e punir severamente, o *Gevurah* ou *Din*. Esse aspecto punitivo e severo de Deus tem, em sua manifestação mais inferior, alguma afinidade com o reino do mal, chamado "a borra do vinho", do qual emergiu Lilith, juntamente com Samael, o Diabo:

> Mistério dos mistérios: Da poderosa incandescência do meio-dia de Isaac [isto é, o *Gevurah*], da borra do vinho, emergiu um rebento entrelaçado que compreende tanto o macho como a fêmea. Eles eram vermelhos como a rosa e se espalharam em várias direções e caminhos. O macho chama-se Samael, e sua fêmea Lilith está sempre contida nele. Assim como no lado da Santidade, também no Outro Lado (do Mal) macho e fêmea estão contidos um no outro. A fêmea de Samael chama-se Serpente, Mulher

Devassa, Fim de Toda Carne, Fim do Dia (Zohar I 148a, Sitre Torah).[4]

Os pares são, acima, Deus e seu aspecto feminino, que nele habita, a Shekhina, e, abaixo, Samael, o Diabo, que contém, em seu interior, Lilith. Desse modo, Lilith, proveniente da diminuição da Lua, expulsa do céu, a qualidade feminina negligenciada e rejeitada, torna-se a Noiva do Diabo, a sombra feminina transpessoal. Lilith é como um instinto renegado enviado por Deus para viver nas regiões inferiores, isto é, em convívio com a humanidade. Os homens a vivenciam como a bruxa sedutora, o súcubo mortal e a mãe estranguladora. Para as mulheres, ela é a sombra escura do Eu, casada com o Diabo. Mediante o conhecimento de Lilith e de seu esposo nos tornamos conscientes de nós mesmos.

Numa obra mais antiga, algumas décadas anterior ao Zohar, conta-se que Lilith e Samael nasceram de uma emanação por baixo do Trono da Glória, na forma de um

---

[4] Devo confessar o quanto sou grata à obra do Dr. Raphael Patai. Seu livro, *The Hebrew Goddess*, revelou-me a história, a legitimidade e a realidade do aspecto feminino de Deus, fornecendo-me uma matriz para minha compreensão do verdadeiro significado de Lilith na psique moderna. Esta tradução da parte Sitre Torah do Zohar, elaborada por Patai, aparece em *The Hebrew Goddess*, Hoboken, Ktav Publishing House, 1967, pp. 218-219. Transcrita com permissão.

ser andrógino e bifronte, correspondente, no reino espiritual, ao nascimento de Adão e Eva, que também nasceram como um hermafrodita. Os dois casais geminados e andróginos eram não só semelhantes entre si, mas também "semelhantes à imagem do que está Acima", isto é, reproduziam, numa forma visível, a imagem da divindade andrógina.[5]

De modo análogo, há os pares Deus e Shekhina, no alto, e Samael e Lilith, embaixo. Conta-se que, após a destruição do templo, Shekhina desceu para seguir as pegadas de seu rebanho, e Lilith, sua criada, subiu para tornar-se a esposa de Deus. Nestas imagens do casamento *quartérnio*, percebe-se a vitalidade de Lilith no processo de individuação.

A Alma de Toda Criatura Viva

O Zohar apresenta ainda um outro mito das origens primordiais de Lilith, no qual a qualidade divina da natureza e da instintividade previamente atribuída à Deusa foi incorporada à criação, por Deus, dos enormes monstros marinhos:

> Estes são o Leviatã e sua fêmea. E toda criatura viva que rasteja. Esta é a alma da criatura que rasteja nas quatro partes do globo, a saber, Lilith (Zohar I 34a).

---

[5] Patai, *The Hebrew Goddess*, p. 219. Transcrita com permissão.

O Zohar prossegue, explicando que são as águas que nutrem Lilith e que o vento Sul dissemina sua influência, fornecendo-lhe o domínio sobre todas as bestas do campo. Podem-se ouvi-las, em cada uma das três vigílias noturnas, cantando para ela (Zohar I 34a).

Lilith, a alma de todas as bestas do campo e de "toda criatura viva que rasteja", é o nível vivificante, instintivo e natural do ser. A partir dessa acepção de Lilith, origina-se o mito segundo o qual Adão, após dar nome a todos os animais, viu-se invadido por um lascivo desejo de ter uma companheira própria. A princípio, Adão era uno, macho e fêmea, mas sua experiência da instintividade dos animais, manifestada pelo fato de que cada um tinha um outro com quem se acasalar, tornou-o consciente da sua solidão. O Zohar (I 34b) diz que, quando as letras do nome de Adão – *aleph, daleth* e *mim* – desceram do alto, o nome Adão compreendia, de fato, tanto o macho como a fêmea. A fêmea estava anexada ao lado do macho até o momento em que Adão deu nome a todos os animais. Então Deus fez cair um sono profundo sobre Adão e dele separou a mulher. Deus a vestiu como uma noiva e, em seguida, levou-a até Adão.

O rabino Simeão, no Zohar, prossegue: "Encontrei, num livro antigo, um relato de que esta fêmea não era outra senão a própria Lilith, que esteve com ele e dele concebeu" (Zohar I 34b).

Lilith é um aspecto instintivo e terreno do feminino, a personificação vivificante dos desejos sexuais de Adão.

As mulheres também vivenciam sua sexualidade Lilith como vivificante, estimulante e natural. Esse é o tipo de sexualidade que elas sentem alguns dias antes da menstruação, quando os hormônios femininos cessaram seu fluxo e os hormônios masculinos encontram-se no auge de sua intensidade. É um estado de ser pulsante, vibrante, primitivo e indescritível.

Nesses mitos da criação, Lilith emerge como uma qualidade instintiva do feminino, emanado de Deus e do Diabo, e associado, de um modo bastante elementar, à humanidade.

A Criação da Mulher

O Zohar fala a respeito de Lilith como a primitiva energia feminina que se torna separada tanto de Adão como de Eva:

> Nas profundezas do grande abismo, há um certo espírito feminino, ardente como o fogo, chamado Lilith, o qual, a princípio, coabitou com o homem. Pois quando o homem foi criado e seu corpo terminado, mil espíritos do lado esquerdo (o lado do Mal) se reuniram ao redor daquele corpo, cada um tentando entrar, até que, por fim, uma nuvem desceu e afugentou-os, e Deus disse: "Que a Terra dê à luz uma alma vivente" (Gn 1:24), e ela deu à luz um espírito para respirar no homem, o qual tornou-se assim completo com dois lados, porquanto é dito: "E ele soprou

em suas narinas o fôlego da vida, e o homem tornou-se uma alma vivente" (Gn 2:7). Quando o homem surgiu, sua fêmea foi fixada ao seu lado e o espírito sagrado nele se propagou por ambos os lados, tornando-se assim perfeito. Mais tarde, Deus serrou o homem ao meio, formou sua fêmea e levou-a até ele, como uma noiva ao dossel. Lilith, ao ver isso, fugiu e ainda se encontra nas cidades da costa marítima, tentando armar ciladas para os homens. E quando o Todo-Poderoso destruir a pecaminosa Roma, Ele depositará Lilith entre as ruínas, uma vez que ela é a ruína do mundo, porquanto está escrito: "Pois ali Lilith se instalará e encontrará seu lugar de repouso" (Is 34:14). Diz-se, em livros antigos, que ela fugiu do homem antes disso; mas nós aprendemos de outro modo: que ela uniu-se ao homem até essa alma *(neshamah)* ser nele depositada, quando então fugiu para a costa marítima, onde tentou fazer mal aos homens (Zohar III 19a).

As forças da sexualidade, do nascimento, da vida e da morte, do mágico ciclo da vida eram, originalmente, governadas pela Deusa. Com o advento do patriarcado, o poder de vida e morte tornou-se uma prerrogativa do Deus masculino, enquanto a sexualidade e a mágica foram separadas da procriação e da maternidade. Neste sentido, Deus é Uno, ao passo que a Deusa tornou-se duas.

O Velho Testamento fornece dois relatos da criação da mulher. Lilith nasceu da discrepância entre esses dois mitos. Historicamente, a discrepância surge a partir das tentativas de Jeová em diminuir e suprimir o poder das religiões, ainda prevalecentes nos tempos bíblicos, que prestavam culto à Deusa. Como no mito da diminuição da Lua, Lilith extrai sua força energética da oposição e supressão.

No primeiro relato do Velho Testamento sobre a criação da mulher:

> Deus criou o homem à sua imagem, à imagem de Deus o criou, macho e fêmea os criou (Gn 1:27).
>
> Jeová Deus formou o homem do pó da terra. Em seguida, soprou em suas narinas o fôlego da vida, e o homem tornou-se assim um ser vivente (Gn 2:7).

Aqui, tanto Adão, ou o homem, como Deus são andróginos. Os cabalistas[6] afirmam que, no momento em que o Senhor criou Adão, o primeiro homem, Ele o criou como um andrógino com dois rostos, cada um voltado para uma direção. Mais tarde, o Senhor serrou Adão em dois e deu-lhe duas costas, uma para cada um dos rostos.

---

[6] Raphael Patai, *Gates to the Old City*, pp. 282-283.

Lilith é a fêmea de Adão, ou *Adamah*, a palavra hebraica feminina que designa terra ou chão. Tanto o homem como a mulher provêm da Mãe Terra, moldados por Deus. O segundo relato discrepante da criação da mulher no Velho Testamento começa com Adão vivendo só. A unicidade de Adão é uma afronta a Deus, presumivelmente porque apenas Deus deve ser Uno:

> Jeová Deus disse: "Não é bom que o homem esteja só. Eu lhe farei uma ajudante". E, da terra, Jeová Deus formou todos os animais selvagens e todos os pássaros do céu. Ele os conduziu até o homem, para ver como ele os chamaria; cada um receberia o nome que o homem lhe desse. O homem deu nomes a todo o gado, a todos os pássaros do céu e a todos os animais selvagens. Mas nenhuma ajudante adequada para o homem foi encontrada para ele. Então Jeová Deus fez o homem cair num sono profundo. E enquanto ele dormia, tomou uma de suas costelas e envolveu-a com carne. Da costela que tomara de Adão, Jeová Deus fez uma mulher e conduziu-a ao homem. O homem exclamou:
>
> "Esta sim é osso dos meus ossos
> e carne da minha carne!
> Esta será chamada mulher
> pois foi tomada do homem".
>
> (Gn 2:18-24)

Depois da Queda: "O homem chamou sua mulher 'Eva' porque ela era a mãe de todos os que vivem" (Gn 3:20).

Conquanto Lilith seja indiretamente mencionada no Velho Testamento como um "mocho", um "demônio da noite", não há nenhuma outra menção explícita e nominal a seu respeito, exceto uma rápida alusão em Isaías 34:14. No entanto, essas imagens existem na psique moderna. Os leitores poderiam se reportar ao *Fruit of Knowledge*[7] ou considerar o poema abaixo como uma expressão das intrincadas origens de Lilith. Podemos observar, nesse poema, a cisão no feminino entre Lilith, enquanto o primitivo, instintivo e livre espírito da mulher – "macho e fêmea os criou, à sua própria imagem os criou" – e Eva, enquanto recém-criada "mãe de todos os que vivem". E há também Adão como homem, agora consciente de sua instintividade e de sua necessidade de usá-la a serviço do Eu.

Eva ainda padecia de um repugnante
mau cheiro fetal: pois nascera
de um fervilhante útero do pântano.
As palmas de suas mãos estavam salpicadas de sangue
que ainda se precipitava, infantil e teimoso,
para fora de seus dutos;

---

[7] Ver "The Fruit of Knowledge", in *The Best of C. L. Moore*, Nova York, Ballantine Books, 1975.

em seus úberes
os mamilos eram falanges de dedos anulares adultos
com um tampão em forma de chifre
destinado a se desprender por ocasião do primeiro leite.
Eva tinha o aspecto de um animal herbívoro,
uma besta de pele, desconfiada e estólida
– coelho ou lebre –,
sua desgraciosa boca mantinha-se entreaberta
e a ponta de sua língua (Eva ainda não falava)
exposta feito um verme numa cereja podre.
Adão demorava-se indeciso
com a construtiva curiosidade de uma toupeira
e a triste aparência de um cão fulvo:
após copular com um grifo
e dar vazão aos seus restantes espasmos
no ninho abandonado de um paguro
precisava tentar agora – pois estava sob severas
ordens – usar seu sexo
com a nova criatura. Mas Eva
tinha uma pele lisa
sem o tosão das ovelhas, os ninhos todos dourados,
sem o fulgor marinho das conchas
sem o frenesi anfractuoso das íbis
e depois
era exasperante o fato de ela não emitir nenhum som

nem mesmo o fraco bramido de uma onda
da mais distante praia do Éden.

Que época maravilhosa aquela em que ele, Adão, seduzia
as panteras pintadas e, na mata
de gigantescos cardos, brincava com as ovelhas
– como eram pacientes e beatíficas suas expressões –
ou então quando ele agarrava
as leves e graciosas gazelas
e as carregava para o fundo de uma larga
e refrescante anêmona!

Mas agora um Anjo negro
com brilhantes asas de gafanhoto
(Mzpopiasaiel era seu nome, ele dissera,
aquele cuja cólera é justa)
dera-lhe Eva
decretando – que voz de lenha crepitando no fogo
tinha aquele cálice de ira sagrada! –
decretando que ela não seria
seu alimento mas sua companheira no amor.

Mas ele, Adão, passava o tempo contando
os minúsculos anéis de um tedioso réptil
mordendo pêssegos e tirando as espinhas

de pequenos salmões pescados com folhas de acanto
cuspindo, com o arco mais selvagem possível,
caroços de pêssegos e cerejas
mijando apático em folhas de alface:
esperando
(e sua vida até agora
fora apenas uma espera pelas ordens)
que da nuvem, sem cabeça, à direita da macieira
surgisse
voando – como nos velhos tempos – um novo sinal.

Quando ele viu Lilith, o mais encantador dos demônios,
em sua reluzente forma feminina
encimada por uma instável coroa de estrelas alquímicas
avançando com uma radiante impetuosidade
precedida por um incrível animal
– por certo um remanescente de outras
criações mais meticulosas –
ostentando um único e alto chifre
em sua fronte celestial...

Mas a nova eva da sodomia está à procura de
outros demônios semelhantes a ela: não de
fingidos ataques de unhas, nem de
uivos festivos:

a nova eva mítica

magnífica na acrobática cadência de seu caminhar

estranha aos outros animais do Éden,

atira pedras, encimada por estrelas

alquímicas, majestosa, atira pedras.

Filha do homem ela não é, tampouco, noiva do Anjo:
para além dos prolíficos pântanos do paraíso
à espera de serem drenados
o unicórnio
conduz Lilith, aquela que já conhece
a forma misteriosa da raiz da mandrágora
e o golem que cresce na semente. Ela sabe
que o jaspe depositado no meimendro
provoca um sono mortal, mais árido e estranho
do que aquele que se abateu sobre Orfeu,
que na vulva da estrelada moreia
há um embrião de sereia
no lírio o látex
que gerará as Amazonas, e cem
divindades femininas estão à espera no imerso abeto
sob a forma de patinhos dourados
outras cem divindades femininas
serão alimentadas por unicórnios e seu sangue
estará isento de contágio, presciente do fogo.

Quantos léxicos
Lilith já conhece!
Ela fala setenta línguas
que despertam em suas cavernas e subjugam
mortos alfabetos de criações imediatamente aperfeiçoados
e consumidos!
Ela não negocia com cobras,
mercadoras de mesquinhas velhacarias,
   e dos condescendentes
e magmáticos abismos
aprendeu místicos deleites.

Virá o dia em que ela, Lilith...[8]

A princípio, Adão se relacionava sexualmente com Lilith e com os animais[9] e tinha uma sexualidade natural e instintiva, mas essa inconsciente inteireza urobórica era uma afronta a Deus, que fez com que Adão sacrificasse seus instintos e perdesse o contato com sua *anima* Lilith e seus modos lunares.

---

[8] Rosanna Ombras, "The Song of Lilith", traduzido por Edgar Pauk, in *A Big Jewish Book*, organizado por Jerome Rothenberg, Garden City, Anchor Books, 1978, pp. 179-182. Cortesia de Edgar Pauk.

[9] Ver Louis Ginzberg, *The Legends of the Jews*, Filadélfia, Jewish Publication Society of America, 1909, vol. V, p.87.

A lenda nos conta que, na primeira noite após a queda, quando o Sol se pôs, Adão estava só e assustado. Por isso, sacrificou o unicórnio, a criatura de unidade primordial, a Deus.[10]

Eva, destinada a ser a mãe de todos os que vivem e feita da costela do próprio Adão, não era tão poderosa ou primordial quanto Lilith, com quem Adão se encontra agora apenas à noite, através de ereções noturnas, enquanto está adormecido. E há a cilada armada pela raiva vingativa e assassina de Lilith, da qual o homem deve sempre se precaver.

A Chama da Espada Giratória

O relato bíblico da queda termina assim: "Ele baniu o homem e, defronte do jardim do Éden, postou querubins e a chama de uma espada flamejante para guardar o caminho que leva à árvore da vida" (Gn 3:24). No Zohar, Lilith, a "chama da espada giratória", é associada, quanto à pecabilidade, à outra primeira mulher, Eva:

> Acontece que, naquele dia, eles receberam uma ordem acerca de uma determinada árvore e a desobedeceram. E porque a mulher pecou primeiro, foi decretado que o marido teria poder sobre ela. E, a partir de então, sempre

---

[10] Ginzberg, *The Legends of the Jews*, vol. V, p.89.

que os homens pecam perante Deus, aquelas mulheres (Lilith) são acusadas pelo severo julgamento de exercerem domínio sobre eles – aquelas que são chamadas de "a chama da espada giratória" (Gn 3:24) (Zohar III 19b).

O Zohar prossegue a história afirmando que, depois que Adão e sua mulher pecaram:

O Senhor, abençoado seja, retirou Lilith do fundo do mar e outorgou-lhe o poder sobre todas aquelas crianças, os "pequenos rostos" dos filhos dos homens, que estão sujeitas à punição pelos pecados de seus pais. Ela andou então por todos os cantos do mundo. Aproximou-se dos portões do paraíso terrestre, onde avistou os Querubins, os guardiães dos portões do Paraíso, e sentou-se junto à espada flamejante, cuja origem era semelhante à sua. Quando viu a espada flamejante a girar, indicando que o homem havia pecado, fugiu e pôs-se a andar pelo mundo, e, ao encontrar crianças sujeitas à punição, maltratava-as e matava-as. Tudo isso devido à ação da Lua de diminuir sua luz primitiva (Zohar I 19b).

Portanto, Lilith, originalmente a primeira mulher que Deus criou da terra, é, antes de mais nada, subjugada e, em seguida, reerguida, para se tornar o açoite de Deus. Esta imagem da flamejante espada giratória capta a qualidade essencial de Lilith, ora Deusa, ora demônio, ora tentadora, ora assassina, ora a noiva de Satã, ora a esposa de Deus, sempre em chamas nos portões do Paraíso.

CAPÍTULO II
Vida e Atos

Toda a mitologia a respeito de Lilith é repleta de imagens de humilhação, diminuição, fuga e desolação, sucedidas por uma profunda raiva e vingança, na pele de uma mulher sedutora e assassina de crianças.

Humilhação e Fuga

O mais antigo material biográfico referente a Lilith aparece no antigo texto intitulado *Alpha Beta Ben Sira*. Esta obra é um *midrash*, uma imaginação ou meditação ativa sobre os mitos bíblicos acerca da criação do homem e da mulher. O *midrash* de Ben Sira analisa as conflitantes histórias do Gênesis sobre Lilith (a mulher primordial, a primeira esposa e a outra metade de Adão) e Eva – criada alguns trechos mais adiante. Segundo Ben Sira:

> Deus criou Lilith, a primeira mulher, do mesmo modo que havia criado Adão, só que ele usou sujeira e sedimento impuro em vez de pó ou terra. Adão e Lilith nunca encontraram a paz juntos. Ela discordava dele em muitos assuntos e recusava-se a deitar debaixo dele na relação sexual, fundamentando sua reivindicação de igualdade no fato de que ambos haviam sido criados da terra. Quando Lilith percebeu que Adão a subjugaria, proferiu o inefável nome de Deus e pôs-se a voar pelo mundo. Finalmente, passou a viver numa caverna no deserto, às margens do Mar Vermelho. Ali, envolveu-se numa desenfreada promiscuidade, unindo-se com demônios lascivos e gerando, diariamente, centenas de *Lilim* ou bebês demoníacos.[1]

---

[1] Ver J. D. Eisenstein, org., *Otzar Midrashim*, dois volumes. Nova York, J. D. Eisenstein, 1915. O mito encontra-se no *Alpha Beta Ben Sira*, vol. I, pp. 46-47.

Que Lilith discordasse de Adão em muitos assuntos não é nem um pouco surpreendente, considerando-se sua natureza sombria, ardente, feminina e lunar. Os sentimentos engendrados por essas diferenças são expressos pelos versos de uma poetisa moderna:

O que gente como eu tinha
a fazer com gente como Adão?

E no entanto por algum capricho
ou mesmo por obra de Seu humor negro
fomos atirados juntos, a terra
polida e o brilho da lua...

Então Adão quase me deixou
louca – meu primitivo e boquiaberto
homem, dócil como pilão
e brando como a lógica
vivia ostentando o direito divino
de suas propriedades
perante minha óbvia carência
de bens.

A princípio, tentei agradar,
abri minha caixa de milagres para ele;
ele só queria mondar as ervilhas.
Queria seus pássaros em sua mão,
Usei, de bom grado, de todos os rodeios.
Fiz um abrigo de folhas, trepadeiras e veneno para anjos;
ele não quis entrar.
Não quis se deitar sob minha improvisada
colcha de retalhos. Preferia morrer.

Ele tinha a Palavra,
recebera-a do alto, enquanto eu,
anterior aos alfabetos, inútil como um &,
permanecia mergulhada no remoinho do caos.

Jardins foram feitos para ordenadores,
jardineiros foram feitos para ordenar,
mas eu não sou ordenável, sou a primeira transgressora.
Por isso, enquanto Adão cercava cuidadosamente
   suas bestas
e apertava a sebe,
e enquanto os anjos guerreavam e buliam
com os nervos de Deus,
inadaptada e fora de lugar, fugi.

Xinguei Adão.
E deixei meu primeiro amor
chupando o dedão.[2]

A amargura e o sentimento do feminino rejeitado no poema repercute o conto da diminuição da Lua e o eterno grito de dor e raiva do feminino ferido. No nível humano, percebe-se este sentimento de irremediável privação e traição nas mais profundas regiões da psicologia feminina. Emma Jung se refere a isso em seu "Essay on Animus Development" quando diz que uma dificuldade primária da mulher em desenvolver uma relação com seu *animus* está no seu sentimento de pouca autoestima e diminuição.[3] Pode-se também sentir a ferida-Lilith sob o obstinado caráter repreensivo da crítica de uma mulher dominada pelo *animus*. A história de Adão e Lilith levanta a eterna questão masculina: "O que a mulher quer?".

A reivindicação de Lilith por igualdade fundamenta-se no fato de que tanto ela como Adão foram criados do pó ou da terra; contudo, Lilith se recusa a *ser* mera terra para Adão. Ela

---

[2] Ver *The Passion of Lilith*, de Pamela Hadas, St. Louis, The Cauldron Press, 1976, pp. 4-5. O poema completo também está publicado na obra premiada de Hadas, *In Light of Genesis*, Filadélfia, Jewish Publication Society, 1980, pp. 2-19. Transcrito com permissão.
[3] Emma Jung, *Animus and Anima*, Nova York, Spring Publications, 1969, p.23. [*Animus e Anima*, publicado pela editora Cultrix, São Paulo, 1991.]

quer a liberdade de se mover, de agir, de escolher e de decidir. Essas são as qualidades do ego feminino individualizado à medida que emerge da matéria inerte e passiva.

Neumann, em seu ensaio *Psychological Stages of Feminine Development*, descreve a necessidade e o valor dessas *ações* heroicas por parte da mulher a fim de que se mova da fase de consciência matrimonial e patriarcal para a individuação e para um encontro do ego feminino com o Eu feminino.[4] A tradicional forma patriarcal do matrimônio, preferida por Adão, na qual o homem sustenta as qualidades "masculinas" de atividade e domínio, enquanto a mulher sustenta as qualidades "femininas" da dependência e submissão, tem, como resultado, a opressão da mulher e seu encarceramento, impedindo-a de tornar-se ela mesma. Para crescer e se desenvolver psicologicamente, uma mulher precisa integrar as qualidades de liberdade, movimento e instintividade de Lilith.

Lilith é aquela qualidade pela qual uma mulher se nega a ser aprisionada num relacionamento. Ela não deseja a igualdade e a uniformidade no sentido de identidade ou fusão, mas os mesmos direitos de se mover, mudar e ser ela própria. No princípio, a Lua quis fundir-se com o Sol e nele se aquecer, como nos conta o mito do Zohar, mas Deus ordenou-lhe que

---

[4] Ver "The Stages of Feminine Development", de Erich Neumann, in *Spring*, 1959, pp. 77-97.

descesse, a fim de seguir as pegadas da humanidade, como uma sombra. Em consequência dessa diminuição, a Lua renasceu como Lilith, o flamejante espírito livre. Depois disso, ela coabita com os homens à sua disposição. Do mesmo modo que as filhas de Hécate e a Lâmia, ela faz com que o homem se levante, sobe em cima dele e cavalga-o, para seu próprio prazer e poder.

Além disso, a necessidade que Lilith tem de liberdade de movimento talvez seja uma necessidade de religar-se ao espírito. Lilith, ao que parece, pertence à época bastante remota na qual os poderes criativos eram prerrogativas da Deusa. Conta-se que, ao abandonar Adão, Lilith proferiu o inefável nome de Deus e voou para o céu, mas Deus expulsou-a para baixo. A necessidade de uma ligação espiritual com o que está acima revela-se na própria origem de Lilith:

> Assim que Lilith surgiu, ela andou por toda parte, até chegar aos "pequenos rostos" [querubins]. Ela queria unir-se a eles e ser formada como um deles, e não estava disposta a deixá-los. Mas o Senhor, abençoado seja, afastou-a deles e fez com que fosse para baixo.
>
> Então Ele criou Adão e deu-lhe uma companheira; assim que Lilith viu Eva ao lado dele e se recordou, através da forma de Adão, da beleza sublime, afastou-se voando e tentou, como antes, unir-se aos "pequenos rostos".

Contudo, os guardiães celestiais dos portões não a aceitaram. O Senhor, abençoado seja, repreendeu-a e atirou-a às profundezas do mar (Zohar I 19b).

Um conto semelhante à fuga de Lilith de Adão aparece numa tabuleta suméria do terceiro milênio:

Havia certa vez uma *árvore-huluppu*, talvez um salgueiro; ela foi plantada, nos primórdios do tempo, nas margens do Eufrates.

Em sua base, a serpente "que desconhece qualquer encanto" construiu seu ninho. Em sua copa, o pássaro-Zu – uma criatura mitológica que, às vezes, fomenta o mal – depositou seus filhotes. No meio, Lilith, a jovem da desolação, construiu sua casa.

Então Gilgamesh, o grande herói sumério, vestiu sua armadura, que pesava cinquenta minas – aproximadamente cinquenta libras – e com seu "machado da estrada", de sete talentos e sete minas de peso – cerca de quatrocentas libras –, matou, na base da árvore, a serpente "que desconhece qualquer encanto". Ao ver isso, o pássaro-Zu fugiu com seus filhotes para a montanha e Lilith desfez sua casa, fugindo para as regiões desérticas que estava costumada a frequentar.[5]

---

[5] Samuel Kramer, *Sumerian Mythology*, Filadélfia, University of Pennsylvania Press, 1972, pp. 33-34.

Expulsa pela espada heroica da consciência masculina de Gilgamesh, ou fugindo do direito divino de Adão de dominá-la, Lilith escolhe o deserto. Ela não será abatida, nem sujeitada. Ela não se submeterá. A mulher vive a fuga de Lilith através da violenta raiva com que se recusa a submeter-se a um arrogante poder masculino, como se tal submissão fosse lógica, escolhendo, em vez disso, o desolado deserto e a companhia dos demônios.

A sensação de se ver abandonada ao desenvolvimento psicológico é comum na psicologia feminina. Como em muitos mitos sobre a individuação das mulheres, há os elementos de surpresa e força. Perséfone estende a mão para colher uma flor e se vê arrastada, esperneando e gritando, para o Hades. Psiquê, grávida de Eros, tenta olhar de relance para o pai de seu bebê e se vê desprotegida no mundo, defrontando-se com todas as árduas tarefas da individuação. As mulheres, ao contrário dos homens, não põem uma mochila às costas, nem empunham uma espada e partem em busca de algum heroico desafio. Do mesmo modo que Lilith, elas não têm escolha; sentem-se expulsas e obrigadas à consciência.

Em *The Visions Seminars,* um paciente de Jung é uma mulher casada que se apaixonou por outro homem. Ela abandonou o marido e a família e foi para Zurique a fim de ser analisada por Jung. Por volta da metade do tratamento, a mulher teve um sonho:

Encontrei uma faca no chão. Cheguei a uma cidade no sopé de uma montanha. Caminhei por ela até chegar a uma casa em cuja porta havia a marca de uma cruz. Bati de leve na porta com minha faca e a porta se abriu. Havia em seu interior um quarto escuro. Num canto, ardia um fogo. Vi, no fogo, os corpos queimados de várias cobras pequenas. Peguei as cinzas das cobras e esfreguei-as na palma da minha mão esquerda. Coloquei a faca no fogo até que ficasse em brasa. Então toquei o teto da casa com a faca e a casa toda desapareceu. Eu estava de pé, sozinha, no deserto; era noite e o fogo ardia ao meu lado.[6]

Jung comenta que a faca da bruxa representa "... a mente natural que opera magia... Ela se origina mais de fontes naturais do que das opiniões em livros; ela jorra da terra como uma nascente, trazendo consigo a peculiar sabedoria da natureza..."[7] Jung prossegue:

A faca mágica é, aqui, a mente luciferina que comete o pecado prometeico, confia apenas em si mesma e repele a proteção de qualquer convicção tradicional. Essa mulher simplesmente destruiu aquela casa e, portanto, não tem

---

[6] C. G. Jung, *The Visions Seminars*, Zurique, Spring Publications, 1976, vol. 11, pp. 274-277.
[7] C. G. Jung, *The Visions Seminars*, vol. II, p. 278.

absolutamente nenhum abrigo; ela é deixada no deserto, na escuridão... Antes que possa compreender a natureza do Tao, ela precisa destruir todas as ideias atrás das quais se abrigara antes.[8]

De fato, muitos amuletos de proteção contra Lilith possuem a forma de facas (ver fig. 2), refletindo essa qualidade instintiva de Lilith em cortar, com ardor e impetuosa fúria, até chegar à natureza essencial das coisas. Lilith rompe os grilhões do relacionamento de poder entre os homens e as mulheres que resulta do patriarcado. Ela escolhe a separação diante da coerção ou submissão no interior do "abrigo da convicção tradicional". O efeito da faca da bruxa ou da fuga de Lilith é levar a mulher a um deserto desolado e desconexo, frequentemente vivenciado como um período de loucura.[9]

Figura 2. Amuleto de prata, em forma de faca, para proteção contra Lilith. (Extraído de *Hebrew Amulets,* de T. Schrire, Routledge & Kegan Paul, Londres, 1966. Reproduzido com permissão.)

---

[8] C. G. Jung, *The Visions Seminars,* vol. II, p. 28.
[9] Cf. as novelas *Surfacing,* de Margaret Atwood, *Sea Change,* de Lois Gould, e *Bear,* de Marian Engles. Ver na bibliografia os dados do editor.

A desconexão é necessária à introjeção e integração de Lilith. Sozinha, na cabana menstrual, uma mulher pode refletir a respeito de suas feridas, lamber o próprio sangue e tornar-se curada e nutrida. Há uma fria lógica lunar para a periódica necessidade feminina de fugir para o deserto, para o pântano e para a solidão. Na escuridão da Lua, ali no deserto, distante das críticas e formas tradicionais, a mulher pode entrar em contato com a elementar natureza feminina em seu íntimo, o que tende a ocasionar um processo natural de cura.

No Deserto

O esconderijo desolado de Lilith no deserto, perto do Mar Vermelho, é descrito no Velho Testamento: trata-se de uma terra árida, encharcada de sangue, covil de pelicanos, ouriços, corujas, corvos e sátiros; um lugar de espinhos, cardos e urtigas, e uma toca de chacais e avestruzes.

Os gatos selvagens se encontrarão com as hienas,
Os sátiros chamarão um ao outro,
Ali Lilith repousará
E encontrará seu lugar de descanso (Is 34:14).

Infelizmente, Lilith é tão pouco integrada que muitas mulheres experimentam sua fuga como um período em que se sentem tão subjugadas que se veem obrigadas a se afastar ou a fugir. Embora a mulher esteja, de fato, realizando a partida, ela se sente rejeitada e ultrajada. Desolada, sem o Sol, ela é como a Lua no mito do Zohar a respeito da origem de Lilith. As mulheres descrevem essa experiência no deserto como um período em que emitem seus sons e gritos animalescos e sentem a raiva e a desolação que podem ser vistas nos olhos de uma fera ferida ou capturada.

Uma vez que, pelo processo cabalístico da gematria, a soma das letras do nome de Lilith é igual à soma da palavra "guincho", Lilith muitas vezes é chamada de o demônio que guincha.[10] Conta-se que Lilith passa todo o Dia de Reconciliação, o mais sagrado dos dias sagrados, travando uma batalha de guinchos com Mahalath, uma das concubinas de Samael. Elas se insultam mutuamente ali no deserto até suas vozes se elevarem aos céus, e a Terra tremer sob seus gritos agudos.[11] Acredita-se que seus guinchos têm o objetivo de abafar as preces dos justos. Talvez seja também mais um esforço da parte de Lilith de ser ouvida por Deus e de erguer-se acima de seu papel de proscrita espiritual.

A figura 3 mostra a Lilith instintiva, alada e jovem como a "Senhora das Bestas". Ela tem nas mãos a vara e o círculo,

---

[10] Theodore H. Gaster, *Myth, Legend and Custom in the Old Testament*, Nova York, Harper Torchbooks, 1975, p. 579.
[11] Patai, *The Hebrew Goddess*, p. 237.

Figura 3. Lilith como a Senhora das Bestas. Relevo de terracota, Suméria, cerca de 2000 a.C. (Placa da coleção do coronel Norman Colville, cortesia da Princeton University Press, *The Great Mother*, de Erich Neumann.)

símbolos de seu domínio sobre os leões solares, em cima dos quais apoia seus pés de coruja, e é circundada por seus familiares, as noturnas corujas-das-torres. Durante sua permanência no deserto, Lilith é transformada por sua vivência da solidão e desolação. Ela se torna um aspecto do Eu feminino, simbolizado pelas corujas, a sabedoria da noite. No deserto, as noturnas e lunares corujas e Lilith têm, finalmente, ascendência sobre os leões solares de consciência masculina.

Em virtude de sua permanência no deserto e devido à sua associação com toda criatura viva que rasteja e com todos os animais do campo, Lilith tem sido identificada com quase toda espécie de pássaro ou animal. Rivkah Kluger, em seu ensaio sobre a rainha de Sabá,[12] que ela identifica com Lilith, relata uma lenda acerca do encontro entre Lilith e o rei Salomão.

> Deus deu a Salomão sabedoria e entendimento. A sabedoria de Salomão sobrepujava a sabedoria de todos os filhos do Oriente e de toda a sabedoria do Egito. Ele falava das árvores... e também dos animais, das aves, dos répteis e dos peixes (I Reis 4:29-33).

Quando Lilith, sob a máscara da rainha de Sabá, tentou seduzi-lo, Salomão, conhecedor das peculiaridades do instintivo

---

[12] Rivkah Scharf Kluger, *Psyche and Bible,* Zurique, Spring Publications, 1974, pp. 112-113.

natural e feminino, ordenou aos djins que construíssem uma sala do trono com um soalho de vidro. Quando a rainha de Sabá (Lilith) viu o rei, pensou, em seu íntimo, que o trono estava sobre a água e ela então ergueu suas roupas para atravessar a água e aproximar-se dele. Desse modo, suas pernas peludas, revelando sua origem bestial e natural, ficaram à mostra.

Salomão, talvez por ser filho de Davi e de sua amante Batseba, sua *anima* escura, não temia o lado instintivo da mulher. Ele é a forma quase divina do *animus*, que faz com que uma mulher se conscientize de sua bestial natureza Lilith. Salomão, enquanto elemento masculino, ctônico e fálico, funciona como um espelho que reflete, a partir de baixo, o lado instintivo e feminino de Lilith.

No âmbito humano, uma mulher vivencia o relacionamento entre Salomão e Lilith quando se entrega plenamente ao seu ciclo lunar mensal, às ondas das dores do parto ou às contrações uterinas por ela sentidas ao amamentar uma criança. Num encontro sexual, onde a mulher pode se entregar às irresistíveis sensações físicas do orgasmo profundo, ocorre o mesmo fenômeno. Se a mulher não está emocionalmente ligada ao amante, ela experimenta, de uma forma ainda mais clara, um surpreendente reconhecimento de sua bestial natureza Lilith, e apreende a sabedoria instintiva do seu corpo. Através de uma profunda experiência do seu eu físico e instintivo, a mulher entra em conexão com a Grande Deusa, em seu original e coletivo aspecto orgiástico.

Quando esta profunda instintividade não é consciente, ela pode tornar-se possuída por uma força de motivação demoníaca. Durante a sua permanência junto ao Mar Vermelho, Lilith estava casada com Samael, o Diabo. O casamento foi arranjado pelo Dragão Cego, a força inconsciente que unia os dois.

O Dragão do Alto é o Príncipe Cego que tem o aspecto de um padrinho intermediário entre Samael e Lilith, e seu nome é *Tanin'iver*, Dragão Cego. Ele se parece com um dragão cego... e é ele quem trata da adesão e união entre Samael e Lilith. Tivesse ele sido criado sadio, na inteireza da sua emanação, teria destruído o mundo num único minuto.

E ele [o Dragão Cego] é castrado, de modo que não pode procriar, para que [sua descendência] não aniquile o mundo. Sobre o Dragão Cego cavalga Lilith, a Pecadora – que ela seja prontamente extirpada de nossos dias, amém! E esse Dragão Cego realiza a união entre Samael e Lilith. E assim como o *Dragão que está no mar* (Is 27: 1) não tem olhos, do mesmo modo o Dragão Cego, que está no alto, sob a aparência de uma forma espiritual, é sem olhos, ou seja, sem cores.

O Dragão Cego está entre Samael e a Maligna Lilith. E realiza uma união entre eles apenas na hora da pestilência, que o Misericordioso nos salve! E ele é castrado, de modo que os ovos da víbora não virão ao mundo. Pois, se assim não fosse, eles aniquilariam o mundo.

E a espécie chamada Lilim é cheia de pelo, da cabeça aos pés; contudo, na cabeça não há cabelo, mas todo o seu corpo e face são cheios de pelos. E assim Lilith tem quatorze épocas malignas e nomes malignos e facções malignas. E todas recebem a ordem de matar as crianças – que nós sejamos salvos! – e especialmente através das bruxas que, na língua de Ashkenaz [alemão], são chamadas de *Kinder Benimmerins*.[13]

A imagem do casamento de Lilith com o Diabo é a de uma serpente, Samael, carregando o Dragão Cego que, por sua vez, carrega Lilith.[14] Esse acasalamento é ilustrado pelo seguinte sonho de uma mulher casada, inconsciente de suas forças de motivação, que tentou seduzir um ingênuo homem mais jovem:

> Uma jovem, chamada Lila, de cabelos negros, longos e ondulados, com um suave e transparente vestido branco, vê-se envolvida numa nefanda intriga pelo seu parceiro, um homem alto e quase negro, vestido com um *smoking*

---

[13] O dr. Raphael Patai compilou e traduziu muitos desses contos. Ver *Gates to the Old City*, pp. 458-459. Transcrito com permissão.
[14] Patai, *The Hebrew Goddes*, p. 235.

preto. O parceiro lhe pede para enfiar a mão através de uma janela de vidro espelhado a fim de criar uma diversão enquanto ele comete um crime. Lila segue suas instruções, mas fica surpresa ao descobrir que sua ação lhe causa dor. Quando ela se queixa da dor ao homem, ele permanece indiferente. Lila vagueia o resto do sonho sangrando e com dor, mas incapaz de solicitar ajuda aos médicos e enfermeiras que encontra. Finalmente, quando está caída e morrendo devido à perda de sangue, seu homem reaparece. Ele usa agora uma cartola e uma capa pretas, e tem um aspecto maligno. Declara: "Sou a Carnificina", e tenta matar os médicos e policiais que estão cuidando dela. Embora seja capturado, Lila morre, pranteada pelo jovem médico, que diz: "Nunca consegui conhecê-la."[15]

A mulher que teve esse sonho era, de fato, casada com um médico, mas, por não ter consciência do casamento de sua Lila interior com o diabo, não pôde ser curada. Sua situação assemelhava-se dolorosamente à de Sara (Livro de Tobias, do Velho Testamento), que, inconscientemente, era casada com o Diabo e proibida de ter relações com os homens humanos.

---

[15] Estes e todos os outros sonhos citados neste livro são mencionados com o consentimento expresso daqueles que os tiveram, os quais, porém, desejam permanecer anônimos.

A mulher do sonho sofrera de excesso de peso desde a puberdade até quase os trinta anos. Nessa época, graças a um tratamento com hormônios femininos para reequilibrar seu sistema endócrino, ela pôde engravidar. Durante a gravidez, e ao amamentar seus dois gêmeos, um menino e uma menina, ela recuperou seu corpo feminino mais natural. Tornou-se então formosa e, fascinada pelos poderes sedutores de Lilith, pôs-se a manifestar sua natureza feminina recém-descoberta de um modo inconsciente e incontrolável. Assustada por sua autodestrutiva possessão pelo diabo, recorreu à análise.

No mito do casamento de Lilith com Samael, Lilith é frequentemente imaginada como Leviatã, a Serpente Tortuosa, e Samael como Leviatão, a Serpente Inclinada:

> E encontramos escrito que o malvado Samael e a maligna Lilith têm a forma de um casal que, com a intervenção de um padrinho, o Dragão Cego, recebe uma emanação maligna e insolente, que flui de um para o outro. E sobre esse mistério está escrito: "E naquele dia o Senhor, com a sua dura, grande e forte espada, castigará Leviatão, a Serpente Inclinada, e Leviatã, a Serpente Tortuosa, e matará o Dragão que está no mar" (Is 27:1). Leviatã é a conexão e o acasalamento entre os dois que têm o aspecto de serpentes. Por isso, ele é duplicado: a Serpente Inclinada que

corresponde a Samael, e a Serpente Tortuosa, que corresponde a Lilith.[16]

A imagem da Serpente Inclinada e da Serpente Tortuosa aparece no sonho de uma mulher recém-saída de um caso de adultério no qual vivenciara a natureza sedutora de Lilith. A mulher sonhou ter se ajoelhado num leito, nua, de costas para o seu amante, e espiado pela janela de um respiradouro quadrangular. Na realidade, este fora o cenário na qual ela, subitamente e de modo bastante surpreendente, abandonara o amante. Poder-se-ia dizer que ela proferiu o inefável nome de Deus e fugiu para longe. No sonho, ao se ajoelhar no leito, ela viu uma enorme cobra preta no respiradouro quadrangular, que podia ser "uma boa ou uma naja". Estava quase alcançando a serpente duplicada a fim de trazê-la para o interior do apartamento e fazer dela um animal de estimação, quando se deu conta do perigo de sua intenção. Ao despertar, compreendeu a necessidade e conveniência de sua repentina fuga e a natureza demoníaca de seu plano de tentar "reavê-lo (o amante)". Vemos, uma vez mais, quão facilmente as forças de motivação inconscientes podem conduzir uma mulher para o seu lado Lilith e quão autodestrutivo pode ser esse casamento com o diabo.

---

[16] Patai, *Gates to the Old City*, Nova York, Avon, 1980, p. 465. Transcrito com permissão.

Lilith, a Rainha do Deserto

Os mitos[17] da permanência de Lilith no deserto abundam de uma energia ígnea, violenta, demoníaca, dupla e copuladora. Os antigos escreveram que há duas Liliths, uma pequena e outra grande. A Lilith grande, a Lilith Avó, é a esposa de Samael, rei dos Demônios, e uma Mulher Devassa. A Lilith pequena, Lilith a Moça, é a esposa de Ashmodai, também um rei dos Demônios. Há muito ciúme entre Samael, o príncipe supremo, e Ashmodai no que se refere a Lilith. Há também discussões e hostilidades entre Lilith a Filha (ou Moça) e a Lilith Avó. No Dia da Reconciliação, Lilith e as 420 legiões de demônios sob seu controle avançam pelos desertos. Elas marcham, e ela emite guinchos, como afirmam os cabalistas, pois é a princesa do guincho e, em seu íntimo, não há nenhuma boa intenção. Ela deseja apenas desencadear a guerra e todos os tipos de destruição. Ela não é outra coisa senão uma fornicação no mundo.

Consta também na lenda que Lilith, como a rainha de Zemargad (seu território no deserto), viajou durante três anos com seu exército, desde sua habitação no deserto, para atacar os filhos de Jó.[18] Ela cercou os bois e os asnos de Jó e se apoderou deles, após matar os homens que estavam cuidando dos

---

[17] Patai, *Gates to the Old City*, pp. 464-465.
[18] Ginzberg, *The Legends of the Jews*, vol. 11, pp. 233-234.

animais para Jó. Apenas um homem escapou. Golpeado e ferido, só lhe restaram forças suficientes para contar a Jó sobre suas perdas, morrendo logo a seguir. A primeira intenção de Jó foi combater os saqueadores, mas o ataque de Lilith fora tão devastador que lhe informaram ter sido sua propriedade consumida pelo fogo vindo dos céus; ele então desistiu, dizendo: "Se os céus se voltam contra mim, nada posso fazer."

Os cabalistas dizem[19] que, durante a permanência de Lilith no deserto, um espírito de sedução dela emergiu. Ela levantou queixas contra o atributo divino, o Fundamento do Mundo. Durante os 130 anos depois da queda, no decorrer dos quais Adão esteve separado de Eva, Lilith conseguiu seduzi-lo e, desse modo, povoar o mundo com espíritos, demônios e *Lilim*. O Zohar afirma que, a partir das emanações de Samael e Ashmodai, Lilith gerou um estranho e maligno exército, destruidor do mundo Acima e Abaixo.

Há uma duplicação da fêmea demoníaca na história cabalística[20] segundo a qual as duas prostitutas que compareceram diante do rei Salomão, disputando seus filhos recém-nascidos, eram, na verdade, Lilith e Igrat. Lilith é, aqui, a estranguladora de bebês, e Igrat, a sedutora do rei Davi quando este dormia em seu acampamento no deserto. Conta-se que Igrat copulou com

---

[19] Patai, *Gates to the Old City*, p. 467.
[20] Patai, *Gates to the Old City*, p. 459.

Davi em seu sonho, dele engravidou e deu à luz o rei de Edom que, neste mito, era na verdade Ashmodai, rei dos Demônios. Mais tarde, Ashmodai destituiu Salomão de sua realeza e sentou-se no trono que lhe pertencia. O mito também inclui o relato de que Lilith e Igrat estrangularam o filho da mulher sunamita, acrescentando, em seguida, que havia quatro dessas rainhas do deserto: Lilith, Igrat, Mahalath e Naamah. Numa tentativa aparentemente inútil de separar os reinos de cada uma dessas mulheres, outro texto cabalístico[21] afirma que Lilith fornica com todos os homens, Naamah apenas com os gentios, Nega (mais um nome para o demônio feminino, que significa uma praga) somente com Israel, enquanto Igrat é enviada a fazer o mal apenas nas noites que antecedem o Sabá (ou nas quartas-feiras). A erudição cabalística apresenta grande quantidade dessas minuciosas genealogias referentes às mulheres demoníacas. Elas nasceram de Lilith, procriadas por demônios e homens durante o período em que Lilith permaneceu no deserto. Apesar de os nomes variarem (incluindo-se Lilidtha, Even Maskit, ao lado dos acima citados), sua energia mortal, asfixiante, sedutora e ardente é, essencialmente, a de Lilith.

As filhas demoníacas de Lilith e de Ashmodai (ou Samael) eram o flagelo do deserto, na medida em que praticavam feitiçaria, estrangulamentos e seduções. O filho de Lilith e

---

[21] Patai, *Gates to the Old City*, pp. 459-460.

Ashmodai chamava-se Sariel, Espada de Ashmodai, "Seu rosto chameja como o fogo das chamas."[22] Conta-se que, no meio da noite do Yom Kippur, o Dia de Reconciliação, Sariel é invocado pelos atos e orações dos sábios e anciãos. Contra a sua vontade, ele vem voando pelo espaço com 131 guerreiros, todos com o rosto em chamas. Os cabalistas dizem[23] que o escriba, cujo nome é Pifiron, traz os escritos secretos e selados por Sariel, e esses segredos, todos os segredos do firmamento, são revelados aos anciãos.

Ao que parece, esse príncipe ígneo proporciona esclarecimento àqueles que os solicitam, invocando-o no Dia de Reconciliação. Assim, vemos quão prolífico, poderoso e necessário é o elemento demoníaco feminino, Lilith, enquanto aspecto da sombra transpessoal. O território de Lilith é o deserto abrasador e árido, também conhecido como Jardim de Alá. Ali no deserto estamos sós. A liberdade, a carência de umidade emocional e o calor abrasador provocam, com frequência, imagens bruxuleantes, sonhos e transformação.

Muitas de nós sentimos o recente Movimento Feminista, sobretudo em seu início, como uma experiência do ermo deserto. Pudemos sentir a ardente e vingativa raiva de Lilith na supressão patriarcal do feminino, tornando-nos insensíveis e destruindo

---

[22] Patai, *Gates to the Old City*, p. 469.
[23] Patai, *Gates to the Old City*, p. 467.

tudo aquilo que, ao nosso redor, nos sujeitava. Ao mesmo tempo, a paixão e o calor de Lilith despertaram, duplicaram e proliferaram uma irmandade demoníaca, dando origem a uma poderosa energia transformadora e a um criativo esclarecimento.

Lilly Rivlin, mulher moderna, recém-consciente da conspiração cósmica sexista, buscou uma compreensão do Eu enquanto mulher, através de uma viagem regressiva no tempo até o território de Lilith, a primeira Mulher. Sua pesquisa deu origem a este mito da criação:

No Princípio

Quando Deus se pôs a caminho para criar o Céu e a Terra, Ele nada encontrou senão Tohu Va'Vohu, isto é, o Caos e o Vazio. Diante do Abismo, o espírito de Deus hesitou. Naquele segundo atômico, Ele tornou-se ciente do Outro. Era a pulsação do Universo: um Espírito Pulsante girando no Caos. Naquele espaço, o Eu e o Tu encontraram-se. Durante essa Ausência, a Energia nasceu. E Ele quis fazer uma réplica daquele segundo, daquela memória da criação que Ele chamou de Ordem. O Espírito Pulsante chamou-a de Amor. E o Espírito Pulsante enviou o Amor para o Caos, e os Céus e os Mares se separaram. E Deus deu Ordem à Energia, e houve Luz. E o Espírito Pulsante dançou numa luz dourada até haver Fogo. Deus observou o Fogo brilhar dentro dos Mares e concebeu as Pedras

Preciosas. E Deus e o Espírito Pulsante abraçaram-se em Sonho e Realidade, e houve Espírito e Matéria. E Deus puxou a Luz das entranhas do Fogo, e houve o Dia e a Noite.

O Espírito Pulsante amou com tamanha intensidade que as Estrelas tremeram e os Mares espumaram, e houve o Relâmpago. Os Céus choraram de alegria, e houve êxtase no universo.

O Espírito Pulsante e Deus uniram Amor e Ordem. O Espírito Pulsante criou a Relva, as Ervas e as Árvores em correspondência ao Sol, à Lua e às Estrelas. E sobre os crescentes glóbulos de Energia, colocou os animais terrestres e os répteis, enquanto o Espírito Pulsante pulsava e cuidava do tempo. O Espírito Pulsante alterou Seu ritmo à medida que encontrava os crescentes glóbulos de Energia, adquirindo impulso e movimento. E o Vento moveu-se entre os Céus e os Mares, ao longo de ilhas esféricas de Energias, semeando a relva, as ervas e as árvores, acariciando os animais terrestres e os répteis com vida. E a Terra girou no Abismo.

Deus procurou o Espírito Pulsante no Vento para lhe perguntar: "E a última Ordem?" "Uma imagem sua", Ela* respondeu. E assim, utilizando um pouco de cada Elemento que havia criado, Ele fez Adão. Mas não

---

* Isto é, o Espírito Pulsante, aqui considerado uma entidade feminina. (N.T.)

utilizara nada do Vento. E Adão, que foi feito à imagem de Deus, veio à existência. E o Espírito Pulsante do Caos e do Vazio também tinha defrontado o abismo e criado. Ela reuniu os Elementos e fez uma imagem. E insuflou vida em Lilith. Mas o Vento não passara através de Adão, e Ele não podia se lembrar do nascimento do Amor que manifestou a Energia. O restante do mito é conhecido. Agora, Adão conhece o mito. Ele tem sentido o Espírito Pulsante no Vento.[24]

---

[24] "Lilith", de Lilly Rivlin, in *Ms.*, vol. I, nº 6, dez. 1972, p. 92. Citado com permissão.

CAPÍTULO III
Lilith, a Sedutora

Lilith, a sedutora, é descrita pelos cabalistas como uma prostituta que fornica com homens. Ela é chamada de a Serpente Tortuosa, porque seduz os homens a seguir caminhos tortuosos. Ela é a Mulher Estrangeira, a doçura do pecado e a língua má. Conta-se que dos lábios da Mulher Estrangeira jorra mel. Ela é chamada de a Fêmea Impura e, embora não tenha mãos e pés para a cópula, pois os pés da serpente foram cortados quando Deus a castigou por seduzir Eva, mesmo assim, em seus adornos, a Fêmea dá a impressão de ter mãos e pés. Os cabalistas dizem que é através do mistério de seus adornos que ela pode seduzir os homens. Lilith deixa Samael, o marido de sua juventude, e desce à Terra. Ali, fornica com homens que dormem sozinhos e faz com que, em seus sonhos, tenham impuras e espontâneas poluções noturnas.[1]

Com receio de que Lilith e Samael infestassem o mundo com sua prole demoníaca, Deus castrou Samael. Esta história corresponde ao mito talmúdico no qual Deus castrou o Leviatã macho a fim de impedi-lo de se acasalar e, desse modo, destruir a Terra. Talvez por não poder mais satisfazer seu desejo com Samael ou, quem sabe, por ainda sonhar com Adão, cuja beleza, como diz o Zohar, era semelhante ao Disco do Sol, Lilith sabia que ainda desejava Adão.

Segundo o Zohar (I 54b), depois da queda, Adão decidiu fazer penitência pelo seu pecado, abstendo-se de ter relações com Eva durante 130 anos. De acordo com o rabino Mier, no Talmud, Adão cobriu a cintura com espinhosos ramos de figueira para evitar o ato sexual com Eva. Durante esse tempo, Lilith visitou Adão enquanto ele dormia sozinho, sonhando, e se satisfazia, montada nele, provocando-lhe poluções noturnas. As criaturas nascidas dessa união são chamadas de os "flagelos da humanidade". O Zohar prossegue dizendo que Lilith se

---

[1] Patai, *Gates to the Old City*, pp. 463-464.

esconderá nos vãos das portas, em poços e latrinas, e continuará a desencaminhar os homens até o dia do juízo final. Como diz o rabino Simeão: "Ai da cegueira dos filhos dos homens que não percebem o quanto a Terra está repleta de seres estranhos e invisíveis... como Lilith... que se misturam aos homens e neles despertam a concupiscência que conduz à poluição" (Zohar I 55a).

Torna-se evidente, a partir da descrição do Zohar a respeito da atividade de Lilith, que, do ponto de vista da psicologia masculina, ela é tanto desejável como perigosa:

> Ela se adorna com muitos ornamentos, como uma desprezível prostituta, e posta-se nas encruzilhadas a fim de seduzir os filhos dos homens. Quando algum tolo dela se aproxima, ela o agarra, beija-o e serve-lhe vinho feito com a borra da bílis de uma víbora. Assim que ele bebe o vinho, põe-se a segui-la, extraviado. Quando ela percebe que ele a está seguindo, extraviado dos caminhos da verdade, livra-se de todos os adornos que usou para seduzir o tolo. Os ornamentos para sedução dos filhos do homem são: o cabelo longo e vermelho como a rosa; as faces brancas e vermelhas; de suas orelhas pendem seis adornos; cordas egípcias e todos os adornos da Terra do Leste pendem de sua nuca. Sua boca assemelha-se a uma estreita e graciosa passagem, sua língua é pontuda como uma espada, suas palavras são suaves como o óleo, seus lábios são

vermelhos como uma rosa e adocicados com todas as doçuras do mundo. Ela se veste de escarlate e se adorna com quarenta ornamentos menos um. O tolo a segue, extraviado, bebe do cálice de vinho, fornica com ela e perde-se atrás dela. O que ela faz em seguida? Deixa-o adormecido no leito, voa para o céu, denuncia-o, despede-se e desce. O tolo desperta e pensa que pode divertir-se com ela como antes, mas ela tira seus adornos e transforma-se numa figura ameaçadora. Permanece de pé diante dele, envolta em trajes de fogo flamejante, despertando terror e fazendo tremer o corpo e a alma, cheia de olhos assustadores e empunhando uma espada, da qual pingam gotas amargas. E ela mata o tolo e o atira à Geena (Zohar I 148a-b Sitre Torah).[2]

Neumann, em *The Great Mother,* arrola Lilith entre as "atraentes e sedutoras figuras de encantamento fatal" que representam o aspecto negativo e transformador do feminino.[3] Num relevo helenístico (figura 4) de um espírito feminino nu, montado num homem nu e, evidentemente, sonhando, Neumann mostra que os símbolos dionisíacos indicam que o súcubo feminino alado pertence ao domínio dos mistérios. Trata-se de uma forma encantadora, sedutora, orgiástica e

---

[2] Patai, *The Hebrew Goddess,* p. 222. Citado com permissão.
[3] Erich Neumann, *The Great Mother,* Princeton, Princeton University Press, Bollingen Series, 1972, pp. 80, 146.

Figura 4. A diaba alada da noite, montada sobre um homem adormecido. Relevo helenístico. (Cortesia da Princeton University Press, *The Great Mother*, de Erich Neumann.)

apavorante do feminino. Pelo fato de o homem estar adormecido e pelos pés de coruja da mulher, julga-se ser esta uma gravura de Lilith, cujos poderes são bem maiores na época em que a Lua está minguando – quando "os cães da noite estão soltos de suas correntes e andam a esmo até o amanhecer" (Zohar II 163b). O Zohar prossegue:

> Lilith perambula à noite, molestando os filhos dos homens e fazendo com que se corrompam. Sempre que encontra alguém dormindo sozinho numa casa, paira sobre ele, agarra-o e une-se a ele, despertando-lhe o desejo, e dele procria. Ela ainda lhe inflige doenças, sem que ele saiba – tudo isso por causa da diminuição da Lua (Zohar I 19b).

O terrível poder de sedução de Lilith é retratado neste conto místico de Benye, que dormia sozinho desde o falecimento da esposa:

> E à noite, Benye estava em casa deitado em sua cama, como numa profunda sepultura. Respirava com dificuldade e estava encharcado de suor, deitado entre trapos imundos, os cabelos em desalinho e o corpo esparramado feito uma carcaça.
> Ele estendeu as mãos na escuridão, tentando agarrar-se em alguma coisa, proteger-se da queda; um cheiro fétido desprendeu-se dele e a baba escorria de sua boca.
> Benye, o santo de sua geração, estava babando.
> Ele desvencilhava suas mãos da escuridão e estendia suas mãos na escuridão; mas, de repente, puxou-as para trás.

Benye teve a impressão de ter tocado em alguém, junto à sua cama.

Perscrutou atentamente o quarto. Havia de fato alguém, em pé, não muito distante dele, uma silhueta espessa, uma silhueta alta, quente.

Benye ergueu-se da cama, aterrorizado.

Sem dúvida era uma mulher; seus quadris e seios sobressaíam-se de seu traje colante e negro.

Em voz baixa, ele lhe perguntou:

"O que você está fazendo aqui?"

Ela não respondeu. Lenta e calmamente, caminhou até a porta, onde voltou-se de frente para ele e permaneceu em pé, nessa posição.

Uma irradiação amarela espalhou-se pelo quarto como uma fina poeira.

— Benye — ela disse —, uma vez você me chamou.

Sua voz era ardente, sensual e tranquilizadora, e fez com que o corpo dele se inclinasse na direção dela.

— Eu?

— Sim, uma vez, quando você ainda era um menino.

Benye espichou sua barba emaranhada.

— Eu? Quando era menino?

— Sim, sim, Benye, você estava caminhando pelo pasto, por entre as vacas, você tinha uma barriga grande e inchada e seus olhos pareciam os de um bezerrinho. Você se

Barbara Black Koltuv 73

lembra? Sempre que um touro cobiçava uma vaca, você torcia as mãos e chorava aflito, e começava a contar nos dedos quantos anos faltavam ainda até você poder se casar.

Benye começou a se lembrar, mas não quis responder.

— Benye, naquele momento você me chamou... Mas não atendo as crianças. — E, com um sorriso, acrescentou:
— Agora você já é um adulto, um homem feito... Um homem forte e bonito... Bonito e querido! Quero colocar minha cabeça em seu jovem peito... Quero que suas mãos ardentes me abracem, querido! Quero sentir a fresca fragrância do seu corpo...

Os olhos de bezerro de Benye arregalaram-se no escuro.

Ele balbuciou:

— Mulher, você deve estar enganada.

— Olhe — ela gritou em êxtase. — Você é o meu único homem! Olhe para meu corpo fresco e jovem...

E, sem dizer uma palavra, começou a se despir.

— Benye, meus quadris ainda são castos, virginais, fortes, e minhas coxas são macias e lisas... Os bicos de meus seios são duros, e meus seios nunca amamentaram uma criança... nunca amamentaram... nunca amamentaram...

E chorou emocionada, chorou com ardor, e seu corpo nu cintilou na pálida escuridão, como as escamas de uma serpente.

Benye ouviu aquela voz abafada e, na penumbra amarela, ele a viu, viu Lilith, de pé, junto à entrada, um pouco curvada, as mãos acima da cabeça, emoldurada pelos umbrais da porta.

Benye agarrou-se nas bordas da cama e cerrou os dentes. Sentiu-se atraído para ela. Estava sufocando e, de repente, com uma voz estranha, gritou:

– Fora! Fora da minha casa!

Começou a atirar os trapos e os travesseiros nela.

– Vá embora, monstro!

Benye cuspiu, arrancou a camisa, ao mesmo tempo em que pulava da cama, e, confuso, começou a bater-se na cabeça e no peito.

Lilith conservou-se junto à porta, em silêncio, com um olhar grave e um sombrio sorriso nos lábios. Estava aguardando que Benye se acalmasse.

– Sua prostituta! Saia daqui!

Benye percebeu que estava quase nu diante daquela mulher e, imediatamente, pulou de volta para a cama, puxou as cobertas sobre si, fechou os olhos e voltou o rosto para a parede.

Soltou um fraco gemido.

Durante alguns instantes, Lilith permaneceu imóvel.

Depois, lentamente, sem ruído, aproximou-se dele e, com suavidade, fez cócegas em sua axila.

Benye mordeu os lábios, o prazer percorreu todo o seu corpo, cada recanto, cada fenda. Ele não se voltou; aos poucos, porém, parou de gemer.

Lilith sentou-se em sua cama, sorriu e começou a fazer-lhe cócegas nas solas dos pés.

O prazer era tanto que o deixou atordoado.

Benye sabia que Lilith estava sentada ao seu lado; por isso, conteve sua profunda gargalhada e manteve-se ali, deitado e mudo como um pedaço de pau.

Ela começou a acariciar-lhe os cabelos e seus finos dedos enrolavam-se nos fios em desalinho. Benye não pôde resistir mais, voltou-se para ela e seus grandes dentes amarelecidos rangiam com esse agradável sofrimento.

Soltava risadinhas abafadas, feito um bode velho:
– Meu amor, como é gostoso...!

Lilith disse: – Seu belo rosto me deixa louca, Benye, querido! Não ria assim de mim!

Benye percebeu, de súbito, que era Lilith e começou a rir e a ranger os dentes mais alto ainda, a fim de afugentá-la.

Ela se afastou da cama.

– Sua cadela!

Benye avançou na direção dela, deixando cair seus trapos em sua excitação, mas ela conseguiu se esquivar dele.

– Vou agarrá-la, Lilith – gritou ele. – Vou agarrá-la.

Benye arremessou-se atrás dela através da pálida luz, esbravejando, ofegando, berrando, até agarrá-la, num canto, com sua mão direita.

Cravou seus escuros e sujos dedos no alvo corpo dela e mergulhou sua emaranhada barba em seu rosto. Lilith curvou-se, tentando evitá-lo, mas ele a apertou fortemente de encontro ao seu corpo e, com os lábios espumando, gritou:

– Débora, Débora, é você!

Pois o nome de sua falecida esposa era Débora.

Lilith tentava esquivar-se. Ela estava sentindo um imenso prazer, mas lutava para libertar-se dele. De repente, agarrou sua imunda barba e beijou tão vigorosamente seus grossos e ressecados lábios que Benye quase desfaleceu; então, ela o apoiou em seus quentes ombros e carregou-o até a cama...

– Meu Deus! Meu Deus! E o galo ainda não cantou!

O quarto tornou-se escuro, suas respirações fundiram-se, centelhas cintilaram na escuridão, lúbricos membros envolveram o corpo com uns olhos verdes e um leve adejo...

Não há mais salvação, meu Deus!

E Benye se debatia, lutando sem saber com quem, sentia-se afundando e estendia os braços na escuridão numa tentativa de se agarrar em alguma coisa; com um esforço supremo, atirou-se da cama ao chão. O quarto estava em silêncio e não havia ninguém ali.

E seu sangue estancou nas veias, coagulado, congelado. Lilith, a jovem e fresca Lilith, a esposa de Satã, matara-o. A primeira mulher de Adão...[4]

Lilith, o demônio alado da noite, não é apenas sedutor, mas também mortal, visto que, no Zohar, é identificado tanto com um súcubo como com um vampiro:

E aquele espírito, que é chamado de Asirta, fica excitado... e dirige-se à mulher que é inferior a todas as mulheres. E ela é Lilith, a mãe dos demônios. E um homem pode ficar excitado por esse espírito mau chamado Asirta, que se incorpora nesse homem e une-se a ele de forma permanente. E, a cada Lua Nova, esse espírito de manifestação maligna é excitado por Lilith e, às vezes, o homem é molestado pelo espírito, cai ao chão e não consegue levantar-se, ou até mesmo morre (Zohar II 267b).

Uma analisanda, com um comportamento inconsciente em relação à qualidade sedutora e mortal de Lilith, seduziu, primeiro, um homem e, em seguida, convenceu-se de que ele

---

[4] "Lilith", uma história de Moyshe Kulback, in "The Messiah of the House of Ephriam", in *Great Works 01 Jewish Fantasy and Occult*, compilado, traduzido e introduzido por Joachim Neugroschel, Woodstock, Nova York, Overlook Press, 1986, pp. 292-295. Cortesia de Joachim Neugroschel.

caíra numa depressão suicida. Mais tarde, nessa noite, sonhou que uma estaca atravessara-lhe o coração, pregando-a ao chão. Pelo fato de ter realmente sentido, no sonho, a estaca atravessada em seu corpo, chegou à conclusão de que sua identificação com o vampiro havia sido enfrentada do modo tradicionalmente prescrito para o exorcismo desses demônios sugadores de sangue. A estaca, pregando-a ao chão, era uma força contrária necessária à propensão de Lilith ao voo súbito.

Embora Lilith, a sedutora, seja perigosa para as pessoas completamente inconscientes, para as que já trilham o caminho da consciência o encontro com a tentadora Lilith pode ser transformador. Jung chama-a de uma *"anima* xamanística".[5] Ele comenta que "Sofia não pode ser associada a Eva, uma vez que Eva nada tem a ver com magia, mas ela [Sofia] pode, provavelmente, ser associada à primeira mulher de Adão, Lilith".[6] O iniciado encontra Lilith quando está a meio caminho da árvore da filosofia.[7] Na figura 5, ela é mostrada com seu rabo de serpente e pés de animal, de cabeça para baixo, na árvore do conhecimento. De modo análogo, ela é descrita pelos cabalistas

---

[5] C. G. Jung, *Alchemical Studies,* Princeton, Princeton University Press, Bollingen Series, 1967, Collected Works, vol. XIII, § 399.
[6] C. G. Jung, *Letters,* Princeton, Princeton University Press, Bollingen Series, 1973, vol. I, p. 462.
[7] C. G. Jung, *Psychology and Alchemy,* Princeton, Princeton University Press, Bollingen Series, 1953, Collected Works, vol. XII, figo 257.

como "uma escada pela qual se pode subir até os degraus da profecia".[8]

O simbolismo xamanístico Lilith (como se vê na figura 5) continua atual, pois não faz muito tempo um estudioso do mundo antigo sonhou a seguinte história a respeito dessa busca pela visão transformadora e profética de Lilith:

Há semanas, nós quatro viajávamos pelo Sinai em busca de pistas que nos conduzissem à caverna de Lilith. Quando estávamos prestes a descobri-la por conta própria, chegamos a um povoado onde uma mulher idosa, que conhecia o segredo, concordou, relutante, em mostrar-nos o caminho. Atrás de sua casa havia uma íngreme colina e, na base dessa colina, uma enseada do Mar Vermelho, onde Lilith, farta de Adão, há muito tempo viera se refugiar. Ela nos contou que a caverna era lá embaixo; sua única abertura revelava-se apenas uma vez por mês, quando a Lua crescente incidia sobre a entrada secreta.

Três noites depois, ela nos conduziu ao interior da caverna. Disse-nos que jamais alguém fora à caverna por curiosidade, que aqueles que haviam feito a viagem sempre procuraram nela um refúgio. Uma vez em seu interior, ela nos deixou a sós. Juntamos lenha para fazer uma

---
[8] Patai, *The Hebrew Goddess*, p. 236.

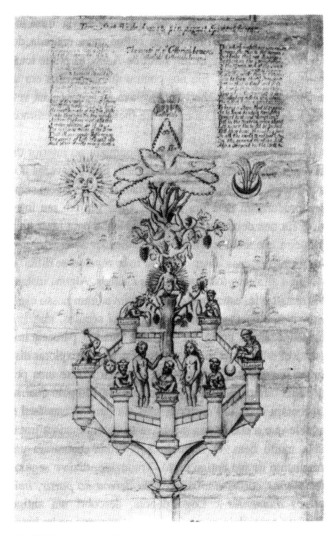

Figura 5. Lilith, como a *anima* xamanística que se encontra com o iniciado à medida que este escala a árvore da filosofia. (Extraído do manuscrito conhecido como "Ripley Scrowle", 1588. Cortesia do Museu Britânico.)

fogueira que ardesse a noite toda. Acender a fogueira não foi problema, mas obter calor do fogo revelou-se difícil e nenhum alimento tostava em suas chamas. Alguns instantes mais tarde, estranhas sensações invadiram nosso espírito. Naturalmente, Lilith vivera ali há séculos, mas sua presença ainda podia ser sentida. Quando pareceu impossível adormecer, nos separamos a fim de explorar distintas passagens. O primeiro a regressar trouxe uma pequenina tartaruga. Sua procedência e o modo pelo qual se sustentara eram um mistério, mas ela parecia saudável e aquele que a encontrara mostrava-se determinado a tratar dela muito bem. O segundo a retornar encontrara um fragmento de um antigo texto. Traduzido, dizia o seguinte: *Muitas coisas lindíssimas ela deixou ao partir, inúmeros diamantes...* Logo depois, descobri um antigo amuleto escondido numa fenda, uma pequena pedra branca sobre uma corrente de prata conservada numa substância semelhante ao chumbo. Coloquei a corrente ao redor do meu pescoço, ao mesmo tempo em que mergulhava a pedra no chumbo e parecia que alguma profética fenda se abria. Mas, através dos séculos, toda espécie de sujeira aderira à substância; ela estava bastante impura, e isso reduzira sua capacidade de operar como uma base. O quarto, que nada encontrou naquela noite, escreveu um poema num sonho e terminou o último verso antes de despertar; algo a respeito de se engastar a joia na coroa.[9]

Lilith, como a forma sedutora e transformadora do feminino, não é, de modo geral, vivenciada conscientemente pelas mulheres antes de alcançarem a segunda metade de suas vidas. As mulheres jovens conhecem o poder de sua sexualidade Lilith de uma forma até certo ponto inconsciente, por serem objeto do desejo dos homens; contudo, mais frequentemente no ponto médio da vida,[10] a mulher é assolada por um poderoso desejo, semelhante ao de Lilith, por um homem como Adão, "cuja beleza é como o Disco do Sol". O desejo de Lilith por Adão, a outra metade primordial de si mesma, o Sol de sua Lua, é expressado nos versos de uma poetisa como:

O fantasma do homem-que-poderia entender,
O irmão perdido, o irmão gêmeo – ...
Jamais o estuprador:
mas o irmão, perdido,

---

[9] Howard Schwartz, autor desta história de sonho, há muitos anos vem compilando e escrevendo contos sobre Lilith. Através de seu vínculo com Lilith enquanto a forma xamanística da *anima,* ele tem estimulado outros autores, incluindo-se eu mesma, Pamela Hadas e Pamela Williams. Esta história, "Lilith's Cave", encontra-se em *Midrashim: Collected Jewish Parables,* Londres, The Menard Press, 1976. Citado com permissão.

[10] A idade de 39 anos costuma ser a mais frequente para esta experiência.

o companheiro/gêmeo cuja palma
revelaria uma linha da vida como a nossa:
decisiva, sagital,
raio bipartido de desejo insaciado
Jamais procuramos o rude pilão, o cego
soquete, jamais:
apenas um companheiro
com recursos naturais idênticos aos nossos.[11]

Depois de algum sucesso no mundo e de um sentimento de ter "cumprido sua tarefa", tendo tido filhos ou realizado algum empreendimento, a mulher pode se apaixonar, profunda e totalmente, de um modo que não é possível a uma mulher mais jovem com menos experiência. Esses relacionamentos da segunda metade da vida são caracterizados por uma troca de amor plena, sexualmente viva e ativa. Embora a mulher inicie, conscientemente, o caso ou o novo relacionamento com um parceiro existente, seu amante é percebido como heroico ou, nas palavras de Adrienne Rich, "decisivo, sagital, raio bipartido de desejo insaciado". Há, sobretudo, uma sensação de miraculosa restauração de uma parte perdida de si mesma, que faz lembrar a promessa do Zohar de que a Shekhina será restituída

---

[11] Adrienne Rich, trechos de "Natural Resources", in *The Dream of a Common Language*, Nova York, W. W. Norton, 1978, p. 93. Citado com a permissão da autora e do editor. Copyright © 1978 de W. W. Norton & Co., Inc.

ao Senhor quando Lilith se portar de forma conveniente. Esta *coniunctio* entre Lilith e Adão após a queda é uma parte vital do processo de individuação da mulher. A mulher que experimentou intensamente este aspecto do arquétipo Lilith teve um sonho no qual seduziu seu possível amante do seguinte modo:

No começo da manhã, eu estava no cruzamento, esperando por esse homem que eu desejava. Quando o Sol surgiu, ele apareceu, vindo da colina em sua camioneta cor de bronze. Ele me apanhou e levou-me consigo, para cima e através do Oeste dourado.

Mais tarde, enquanto o caso progredia, ela sonhou:

Ficamos juntos num hotel, no lado oeste de um parque em forma de mandala, numa praça. Eu estava de pé, observando, enquanto meu alto e atento amante, de cabelos dourados, vestido com uma calça *jeans* cor do trigo, caminhava para o Leste, na direção da fonte circular, no centro do parque.

À medida que essa dourada figura do *animus* se movia na direção de seu centro, ela pôde começar a remover suas projeções do atual homem exterior e a compreender o significado interior de seu caso amoroso.

Ser a parte ativa e conscientemente sedutora de uma relação é, para uma mulher, uma experiência numinosa. Na época babilônica, quando os cultos da Deusa floresceram, Lilith era chamada de "a mão de Innana".[12] Tinha como função reunir os homens na rua e trazê-los para o templo. Ela usava seu poder de sedução a serviço do Eu feminino. O Velho Testamento, que documenta o advento do patriarcado, está repleto de histórias de mulheres que usam seu poder de sedução – a sua Lilith –, de modo consciente, para realizar os objetivos de seus egos. As histórias bíblicas de Raquel, Tamar, Dalila, Judite, Ester, Rute, Batseba, as filhas de Ló, a rainha de Sabá, Yael e Débora demonstram, todas elas, a necessidade, na psicologia feminina, de uma mulher ter, conscientemente, seu poder de sedução – a sua Lilith – à disposição, como uma função do ego. A mística Dion Fortune, em seu romance esotérico *Moon Magic,* faz sua heroína, Lilith Le Fay, uma sacerdotisa da Grande Deusa Ísis, descrever o uso consciente dos poderes de sedução fornecidos pela Deusa:

> Assim, eu, que considerava a pobreza e a riqueza da mesma maneira, tinha à disposição recursos que usava para construir minha personalidade mágica diante dos homens e para fazer com que me vissem como desejava ser vista.

---

[12] Merlin Stone, *When God Was a Woman,* Nova York, Harvest/HBJ, 1978, p.158.

Depois que as pessoas nascem, não podem olhar para dentro do coração; só umas poucas dentre elas são capazes de interpretar os sutis processos mentais. No entanto, podemos sugestioná-las com a força do olhar para que vejam aquilo que desejamos que elas vejam. Esse tipo de sugestão é melhor do que a das palavras, as quais as pessoas tanto desprezam, já que elas mesmas são versadas nessa arte.

De minha parte, sei como um verdadeiro adepto precisa de pouco para a sua magia. Mas eu tinha de trabalhar com as ideias dos homens e para isso precisava montar um palco. Devia fazê-los aceitarem-me como uma adepta ou nunca seria vista como tal. Com essa finalidade, precisava ter à minha volta algo que sugerisse os grandes dias do passado, quando o culto ao qual pertencia estava no auge do poder, de forma que os pensamentos deles se voltassem para lá. Isso poderia despertar lembranças que os fizessem sintonizar meu comprimento de onda.

Dessa forma, pouco a pouco, colecionei coisas antigas dos velhos templos. Esses objetos precisavam ser mantidos sob uma luz difusa, de modo a não dispersar o seu magnetismo, mas conservá-lo à sua volta e permear o ambiente da mesma forma como o faz o incenso.

Também usei cores para montar o meu fundo de cena, conhecendo o poder que elas exercem sobre a mente – sobre a minha, bem como sobre a dos que fossem me visitar.

Existe uma ciência das cores, e nós as classificamos, na magia, sob as dez estações dos céus, que são os sete planetas e o espaço, o zodíaco e a Terra. Há também os quatro reinos elementais, mas isso é outro assunto.

Para o meu objetivo, usei as opalescentes cores da Lua sobre uma base prateada; o roxo, que é uma cor da ameixa; as cores vermelhas, que são o magenta ou o marrom; e as cores azuis da água do mar e do céu à noite. Jamais usei as fortes cores primárias, como essas que o homem usa quando é um mago. Sempre as cores indistintas, combinadas, que são as minhas cores, pois eu sou a sombra do cenário.

Quanto ao meu corpo, eu havia feito dele o instrumento da minha personalidade, treinando-o, alimentando-o, aprendendo suas artes e capacidades. A Natureza não fora maldosa, porém não tinha sido pródiga, e eu devia fazer de mim mesma alguma coisa que pudesse usar para o propósito que tinha em mente. Sendo dedicada, eu tinha o direito de pedir aquilo de que precisava e, naturalmente, pedi a beleza que me permitisse atrair os olhares e a atenção dos homens. Em vez disso, todavia, deram-me discernimento e imaginação e, com o conhecimento proveniente disso, criei meu próprio tipo de beleza.

Descreveram uma outra: "Tinha o rosto que se presta para uma mulher esconder a alma". No meu caso, isso correspondia à verdade. Minha face era puramente egípcia:

levemente alta nos malares, o que faz meus olhos parecerem amendoados, nariz ligeiramente aquilino, pois há sangue assírio na nobre casta real do Egito. Meus olhos são muito fundos, o que dá a impressão de serem mais escuros do que realmente são. Vistos sob boa luz, são meio esverdeados – para competir com meus dentes de tigre – assim disseram. Supõe-se que eu me pareça com Cleópatra – ou talvez Cleópatra fosse como eu. Tenho bastante cabelo castanho-escuro, quase negro, e completamente liso. Algumas vezes o uso amarrado sob a forma de um nó, à nuca; outras, enrolo-o em volta da cabeça como um diadema. Quando faz calor, deixo-o cair em duas tranças sobre o peito. Frequentemente o uso repartido ao meio, em duas ondas macias sobre a fronte, à moda das mulheres indianas. Foi por isso que disseram que tenho sangue de cor, embora minha pele devesse desmentir isso, pois é branca como marfim ou como as grandes folhas de magnólia, que não têm um toque de rosado sequer. No que se refere a batons, sou ousada, até mesmo imprudente, e amo os longos brincos. A joalheria Huysman faria justiça aos brincos que possuo: de jade, de âmbar, de coral, de lápis-lazúli e de malaquita para usar de dia; para a noite, tenho grandes joias: esmeraldas lapidadas, retangulares; pérolas longas, pálidas e em forma de gotas, e todas as incandescências das diversas opalas, que adoro.

Sou um pouco mais alta do que a estatura média, e por ser longilínea posso sair diretamente da loja vestindo qualquer modelo que experimentar. Todavia, não uso modelos prontos. Faço minha própria roupa. Essa, por vezes, vem das "lojas de armarinhos" e outras vezes, não: há uma riqueza na amplitude dos drapeados que não se encontra nos materiais de vestimenta, e ninguém me impedirá se eu resolver me vestir com o pano destinado à ornamentação de janelas de um palácio veneziano! Gosto que minhas roupas caiam amplas e retas e cheguem até os pés. Costumo calçar sandálias macias de prata e ouro e de cores iridescentes.

As peles, então, eu amo, pois sou uma criatura de sangue frio – esta é a minha única fraqueza física. Uso roupas de peles mesmo em casa e mantenho minhas casas aquecidas. Aprecio as peles inteiriças, com a grande cabeça cruel, e gosto que essa pele seja nobre – não a pequena cara comum de uma raposa. Tenho uma pele pálida de lobo da floresta e uma de lobo azul, descambando para o negro. Dos grandes felinos, tenho um leopardo mosqueado da selva e um adorável leopardo pálido das neves do Himalaia – que os tibetanos dizem ser fantasmas dos lamas maus que morrem em pecado.

Gosto de anéis também, tão grandes que dificilmente consigo calçar luvas. Gosto de braceletes envolvendo meus pulsos. Minhas mãos são flexíveis nos rituais, e sou

tão audaciosa em matéria de esmaltes como nos batons.
Tenho predileção por esmaltes de unha prateados, dourados, vermelhos, tão escuros que parecem negros, e esmaltes iridescentes, que fazem minhas unhas parecerem opalas. Trago as minhas unhas compridas para competir com meus dentes de tigre.

Agrada-me que meus sapatos sejam macios, leves e flexíveis, parecendo muito mais luvas do que sapatos, de modo que me possa mover sem fazer ruído. Na juventude, fui treinada como dançarina e conheço o significado do movimento – sei que devo fluir como água. Sei também como o corpo deve se mover e balançar a partir da cintura. Em beleza, isso vale mais do que uma figura elegante.

Não sou e jamais serei uma mulher que acompanha a moda. Não que descreia dela: ela serve para algumas pessoas, mas não é boa para mim. Alguns dizem que as modas são artificiais, um trabalho de comércio, mas isso não é verdade.

As modas mudam porque a novidade atrai e estimula. Mas eu, que sou a mulher eterna, o arquétipo feminino – não falo da superficialidade da consciência, a mente sofisticada que é atraída pela novidade, mas da mente arcaica e primordial que está na alma de cada homem –, competirei com meu charme com qualquer mulher que esteja na moda. Elas podem ter amantes, mas eu tenho sido amada.

Com o meu silêncio, competirei com a verbosidade delas. Ainda que exista muito numa voz e em suas inflexões, os tons deveriam ser sempre melodiosos, mesmo ao falar; sons doces e macios nos lábios, mesmo que haja reverberação por trás deles, pois nessa reverberação, há um estranho poder que vai de encontro à nossa alma. Sei bem disso, pois usei esse poder e dentro em pouco vou contar como o fiz.

Portanto, usei a cor, o movimento, o som e as luzes, assim como as outras mulheres usam a moda, porém mais importante que tudo isso é o perfume. Valorizo intensamente os perfumes e atribuo-lhes grande importância, uma vez que existe toda uma psicologia e uma teologia sobre eles. Os aromas que uso são picantes e intensos. O perfume das flores não é para mim – ninguém nunca me comparou com uma flor, embora me dissessem que sou tão bela como um leopardo. Meus perfumes favoritos são o sândalo, o cedro e o couro da Rússia. Aprecio também o aroma de almíscar queimado e o modo como ele persiste. Gosto ainda de cânfora, por seu aroma de asseio. Das essências oleosas, uso a de gerânio, a de jasmim e a essência de rosas; nenhuma outra. Esses são os perfumes psicológicos; mas dos teológicos há dois que considero muito – o gálbano e o olíbano – a doçura áspera, aromática do gálbano, que é terra

da terra, e o intenso estímulo do olíbano, que é como se as árvores do Paraíso estivessem queimando...
Isso é tudo o que posso revelar com palavras sobre a minha personalidade. O resto deve ser deduzido daquilo que faço.[13]

Neste longo trecho, há um inconfundível elemento ritualístico que explica, em detalhes, de que forma uma mulher pode usar o rosto, o corpo, a maquilagem, os cabelos, as joias, as roupas e o perfume a fim de acentuar sua eterna conexão feminina com os poderes sedutores de Lilith. O Talmud descreve Lilith como o demônio noturno de longos cabelos. Tradicionalmente, os cabelos de uma mulher têm sido considerados o coroamento de seu esplendor, um símbolo de sabedoria, um aspecto de sua natureza essencialmente feminina. As Noivas de Cristo, as Virgens de Vesta e as Noivas Judaicas Ortodoxas têm sido obrigadas a sacrificar seus longos, sedutores e fascinantes cabelos. O cabelo da mulher tem sido cortado, amarrado e coberto, num esforço de separá-la desse poder sexualmente sedutor de Lilith, fornecido pela deusa. A Bíblia descreve, em detalhes precisos, como Rute, Ester, Jezabel e Judite usavam óleos, unguentos,

---

[13] Dion Fortune, *Moon Magic*, York Beach, ME, Samuel Weiser, 1956, pp. 57-60. Citado com permissão. (Traduzido em língua portuguesa sob o título *A Sacerdotisa da Lua*, Editora Pensamento, São Paulo, 1988 [fora de catálogo]. O trecho acima é transcrito dessa edição. N. T.)

perfumes, joias e roupas, bem como *kohol* para delinear os olhos, antes de enfrentar o terrificante e transformador encontro com o masculino. Esses rituais do adorno feminino estão arquetipicamente vinculados a Lilith e a seu poder de sedução essencialmente feminino. O conhecimento consciente desse vínculo com Lilith e a Deusa é vital para o desenvolvimento espiritual e psicológico da mulher.

CAPÍTULO IV
Lilith e as Filhas de Eva

O Zohar associa repetidamente Lilith a Eva em sua pecabilidade (ver figuras 6 a 11) e, por conseguinte, adverte, repetidas vezes, que os homens, ao encontrar uma mulher, devem se precaver contra a Lilith sedutora:

> Contudo, eis que a concha dura, a encarnação do mal, Lilith, está sempre presente no leito de um homem e de sua mulher quando copulam, a fim de se apoderar das

gotas de sêmen que se perdem – pois é impossível realizar o ato conjugal sem essa perda...[1]

O homem sábio e culto sabe que até mesmo a relação conjugal normal, quando praticada em vésperas do Sabá, corre o perigo da presença de Lilith.

É a noite na qual o "poder maléfico", sendo suplantado pelo "poder benéfico", vagueia pelo mundo, acompanhado por suas inúmeras hostes e legiões, e espreita todos os lugares onde as pessoas praticam suas relações conjugais imodestamente expostas ou à luz de uma vela (Zohar I 14b).

Recomenda-se a prática sexual apenas em estado de santidade... (Zohar III 77a). Especificamente,

A solução é essa. Quando um homem se une com sua mulher, ele deve consagrar o coração ao seu Mestre, dizendo:

"Aquela que está envolta num negro
manto aveludado encontra-se aqui.
Tu não entrarás nem nada farás;
Nem tu nem o teu bando.
Retorna, retorna, o mar está revolto,
Suas ondas te aguardam.

---

[1] Patai, *The Hebrew Goddes*, p. 223. Citado com permissão.

Figura 6. Eva e Lilith, com o rabo entrelaçado da serpente. Lilith sussurra palavras de sedução a Eva, enquanto esta oferece a maçã a Adão. (Gravura em madeira de Lucas Cranach, cerca de 1522.)

Mantendo-me fiel ao sagrado,

Agasalho-me na santidade do Rei."

A seguir, ele deve cobrir a cabeça, e a cabeça da esposa, durante algum tempo. No livro que Ashmodai deu ao rei Salomão está escrito que ele precisa, em seguida, espargir água limpa ao redor da cama. Se uma mulher está amamentando uma criança, ela não deve unir-se ao marido enquanto a criança estiver acordada; tampouco deve amamentá-la logo em seguida, sem que tenha transcorrido um espaço de tempo equivalente a uma caminhada de duas milhas ou uma, no caso de a criança começar a chorar, desejando ser amamentada. Se tudo isso for respeitado, Lilith jamais poderá fazer-lhes mal (Zohar III 19a).

Embora Noé fosse um homem santo e reto, é interessante notar que as lendas judaicas revelam certa confusão entre sua esposa Naama e a sombria Lilith. Algumas afirmam que ela era Naama, a agradável, ao passo que outras afirmam ser ela Naama, a diaba e companheira de Lilith que, às vezes, é chamada de Lilith a mais jovem.[2] Há outra informação segundo a qual "a permanência na arca trouxe muitas doenças a Noé e a sua família, sem considerar o desconforto causado pelo mau cheiro dos espíritos, demônios e Liliths".[3]

---

[2] Ver Ginzberg, *The Legends of the Jews*, vol. V, p.147.
[3] Ginzberg, *The Legends of the Jews*, vol. V, p. 197.

O Zohar afirma que Lilith fugiu quando Deus deu Eva a Adão como esposa:

Deus permitiu que Adão observasse enquanto Ele criava uma mulher usando osso, tecidos, músculo, sangue, secreções glandulares e cobrindo-a com pele e tufos de cabelo. Em razão de ter testemunhado sua criação corpórea, Adão foi repelido por ela.

Deus tentou uma terceira vez e agiu com mais prudência a fim de incluir um pouco do poder de sedução de Lilith. Tendo tirado uma das costelas de Adão enquanto este estava adormecido, Deus formou com ela uma mulher; eles fizeram tranças em seus cabelos e enfeitaram-na como a uma noiva, com vinte e quatro tipos de pedrarias, antes de despertá-lo. Adão ficou fascinado.[4]

De forma semelhante, fontes *midrash*[*][5] acrescentam que o próprio Deus recorreu aos anjos para "executar préstimos de amizade a Adão e sua ajudante". O rabino Eliezer acrescenta:

---

[4] Robert Graves e Raphael Patai, *Hebrew Myths: The Book of Genesis*, Nova York, McGraw-Hill, 1963, p. 66.

[*] *Midrash*: tipo de interpretação das Escrituras, além da literal, cuja averiguação faz parte de regras estabelecidas pela tradição talmúdica, pela qual se podem deduzir significados novos e ocultos. Ver cap. 2, p. 40. (N.T.)

[5] Ver Patai, *Gates to the Old City*, p. 265; e Ginzberg, *The Legends of the Jews*, vol, I, p. 68.

Figura 7. Lilith, coroada e alada, e com rabo de serpente, oferece a maçã a Eva, debaixo da Árvore do Conhecimento. (Gravura em madeira de Holzschimitt, 1470.)

Figura 8. Lilith, como serpente, na Árvore do Conhecimento, voltada na direção de Eva. Ao lado, um Adão meio andrógino. (Cortesia da Osterreichischen Nationalbibliothek, Viena.)

"E os anjos tocaram tambores e dançaram como mulheres", aparentemente para injetar um pouco da sensualidade de Lilith nas núpcias de Adão e Eva.

Em outra lenda, vemos, uma vez mais, que o esforço de Deus em criar Eva casta e privada das qualidades de Lilith fracassa:

> Quando Deus estava prestes a criar Eva, Ele disse: "Eu não a criarei da cabeça do homem, para que não erga sua cabeça numa atitude arrogante; nem do olho, para que não tenha olhos atrevidos; nem da orelha, para que não fique escutando às escondidas; nem do pescoço, para que não seja insolente; nem da boca, para que não seja tagarela; nem do coração, para que não se disponha à inveja; nem da mão, para que não seja intrometida; nem do pé, para que não seja andarilha. Eu a formarei de uma parte casta do corpo", e, para cada membro e órgão, enquanto o formava, Deus dizia: "Seja casto! Seja casto!" No entanto, apesar de toda essa cautela, a mulher ainda possui todos os defeitos que Deus tentou evitar.[6]

Há uma crença popular inglesa segundo a qual os lírios se originam das lágrimas de Eva que caíram ao chão quando ela

---

[6] Ginzberg, *The Legends of the Jews*, vol. I, p. 66.

Figura 9. Lilith, a sedutora, com o rosto de mulher e o rabo de serpente, enrolada ao redor da Árvore do Conhecimento, entre Adão e Eva. (Gravura em madeira, intitulada "A tentação de Adão e Eva", de Antoine Verard, cerca de 1500. Cortesia do Metropolitan Museum of Art, Harris Brisbane Dick Fund, 1924.)

deixou o Jardim do Éden. Os lírios simbolizam a pureza de Eva, mas o nome – lírio – é surpreendentemente parecido com o nome da primeira mulher pecadora – Lilith.* Mesmo na conhecida história de Eva, na qual ela é formada da costela de Adão, a parte mais casta de sua anatomia, há um misterioso trocadilho: a palavra hebraica para "costela" é *tsela*. Embora destinada a ser a ajudante de Adão, Eva revelou-se uma *tsela*, um "tropeço" ou infortúnio.[7] Do mesmo modo que Lilith, Eva mantinha relações sexuais com a serpente e tornou-se também a mãe de gerações de demônios (Zohar III 76b). O Talmud (PR 100b) diz que, entre as dez maldições conferidas a Eva, incluem-se: seus cabelos serão longos como os de Lilith, sentar-se-á como os animais ao urinar e servirá de travesseiro ao marido. A conexão entre Lilith e Eva é bem mais elucidada no mito do Zohar, no qual Lilith *é* "a Serpente, a Mulher de Devassidão que incitou e induziu Eva... fazendo com que Eva seduzisse Adão a ter relações sexuais com ela no período em que se encontrava em sua impureza menstrual".[8] Desse modo, é impossível conhecer a mulher ou ser uma mulher sem o encontro tanto com Lilith como com Eva. Lilly Rivlin escreve a este respeito:

---

* A palavra para "lírio", em inglês, é *lily*. Daí a citada semelhança entre *lily* e Lilith. (N.T.)
[7] Graves/Patai, *Hebrew Myths: The Book of Genesis*, p. 69.
[8] Patai, *Gates to the Old City*, p. 456.

De forma obscura, como uma memória arquetípica, conheci Lilith enquanto predecessora de Eva. E fui repelida por Eva, aquela criatura loira submissa, que se deixou desgraçar por uma cobra, enamorando-se de um pedaço de corda...

A escritora ainda não sabia que Lilith *era* a cobra. Ela prossegue:

Sentia-me pouco à vontade no papel de Eva. Sentia-me confusa; impulsos dionisíacos vibravam em mim. Minhas imagens pessoais não eram as de um paraíso infantil, um protegido Jardim do Éden, mas as de desertos acidentados, amarelos e marrons, com rochas da cor do ferro fundido, cardos dourados e arbustos espinhosos. Além disso, não podia entender a vergonha da nudez. Eu era animal, era Deus! Era substância e orifício pulsante. Sob camadas de civilização, eu era pele palpitante, e ecos dos mais profundos gritos animais...[9]

As mulheres modernas, as filhas de Eva, frequentemente encontram sua natureza Lilith no espelho. De fato, o Zohar refere-se a Lilith como o obscuro espelho de profecia (Zohar I 24a). Como escreve Isaac Bashevis Singer:

---

[9] Ver "Lilith", de Lilly Rivlin, in *Ms.*, vol. I, n° 6, dez. 1972, p. 92. Citado com permissão.

Figura 10. Na mentalidade medieval, Lilith e Eva estavam de tal modo associadas em sua propensão para o pecado que, aqui e na figura 11, eram frequentemente moldadas em pedestais para estátuas da Virgem e o Menino, com a Virgem representando a nova Eva. Veem-se aqui dois ângulos diferentes do mesmo pedestal. No alto, Eva está mordendo o fruto proibido e segurando, junto aos seios, várias outras maçãs, presumivelmente para Adão. Embaixo, a tentadora Lilith, com seus longos cabelos, rosto de mulher e corpo de serpente. (Flandres, final do século XV. Cortesia do Metropolitan Museum of Art, The Cloisters Collection, 1955, 55.116.2.)

Há um tipo de rede tão antiga quanto Matusalém, tão macia e cheia de buracos quanto uma teia de aranha; no entanto, ela conservou sua força até os dias de hoje. Quando um demônio, após vários dias, se cansa de perseguir ou de girar ao redor de um moinho de vento, ele pode se instalar dentro de um espelho. Ali, ele aguarda como uma aranha em sua teia, e a mosca certamente será apanhada. Deus outorgou vaidade à mulher, particularmente às ricas, bonitas, estéreis, jovens, que têm muito tempo e pouca companhia.[10]

O demônio, neste clássico conto do espelho, é Samael, o marido de Lilith. Ele é a forma demoníaca do *animus* que induz a jovem esposa, como Eva, Zirel, a se encontrar com Lilith:

> Zirel tinha um sótão, que ela chamava de seu "vestiário" e onde pendurava um espelho tão azul quanto a água no ponto de congelamento. O espelho tinha uma rachadura no meio e estava encaixado numa moldura dourada, decorada com cobras, saliências arredondadas, rosas e víboras. Diante do espelho, no chão, havia uma pele de urso e, junto a ela, uma poltrona com braços de marfim e um assento almofadado. O que poderia ser mais agradável do que

---

[10] Ver "The Mirror", de Isaac Bashevis Singer, in *Gimpel lhe Fool*, Nova York, Avon, 1957, p.69.

Figura 11. A Virgem oferecendo o seio ao Cristo Menino. Ela se eleva acima de Eva, que come uma maçã, e de Lilith, que tem rosto de mulher e corpo de serpente. (França, cerca de 1400. Cortesia do Victoria and Albert Museum, Londres.)

sentar-se nua nessa poltrona, repousar os pés na pele de urso e contemplar-se? Zirel tinha muito a contemplar. Sua pele era branca como cetim, seus seios tão abundantes quanto odres de vinho, seus cabelos caíam sobre seus ombros e suas pernas eram esguias como as de uma corça. Ela sentava-se durante horas a fio, deleitando-se com sua beleza. A porta permanecia fechada e ela imaginava que, abrindo-se, por ela entrava um príncipe, ou um caçador, ou um cavaleiro, ou um poeta.[11]

O demônio no espelho seduz a solitária e jovem mulher e a leva face a face com Lilith. Naturalmente, a essa possessão inconsciente, segue-se a desgraça.

De modo análogo, a novela *Leah's Journey* [A Viagem de Lia] tem início com estas palavras: "Foi o espelho que levou Lia até o sótão...". Enquanto a linda e jovem noiva admira seu corpo nu e seus longos cabelos ruivos, ela se recorda da irmã, que se submetera ao tradicional costume hebraico e renunciara, pelo casamento, aos cabelos. Lia jura nunca consentir que o ortodoxo rabino corte seus cabelos e, imediatamente, um violento *pogrom* irrompe na cidade, a casa de Lia é invadida e ela é estuprada.[12] Assim tem início sua viagem de individuação.

---

[11] Singer, "The Mirror", in *Gimpel the Fool*, pp. 69-70.
[12] Ver Gloria Goldreich, *Leah's Journey*, Nova York, Berkley Books, 1978, pp.3-11.

Uma paciente encontrou Lilith no espelho, mais conscientemente através de um arrebatado caso amoroso, depois de muitos anos de fidelidade conjugal. Um dia, no momento em que se aproximava, travessa e sorrateiramente, por trás do amante empenhado em seu trabalho, um colega de trabalho alertou-o de sua aproximação. Quando sua ação, como acontecera com Lilith, foi descoberta, ela se viu, repentina e surpreendentemente, enfurecida. Naquela noite, sonhou encontrar-se diante de um espelho, olhando-o fixamente, enquanto sua analista, uma mulher mais idosa e sábia, permanecia de pé atrás dela. A protagonista do sonho perguntou: "Sou muito negra?", e o espelho, nas palavras que lembram as da noiva do *Cântico dos Cânticos*, respondeu: "Você é negra, mas graciosa... Não faça caso de sua cor escura, foi o sol que a queimou. Os filhos de sua mãe voltaram sua ira sobre você, fizeram com que você cuidasse dos vinhedos deles. Tivesse você cuidado apenas do seu próprio vinhedo!"

O súbito acesso de raiva tinha, aparentemente, vinculado essa mulher à sua culpa a respeito de seu caso de adultério e à raiva oculta que sentia pelo marido. Portanto, ela pergunta: "Sou muito negra?" O espelho, refletindo não só sua imagem, mas também a de seu sábio eu analítico, responde que foram suas iradas atitudes masculinas de julgamento a respeito de sua própria sexualidade que a tinham escravizado e enegrecido, e que ela precisava tornar-se completamente atenta a seus próprios valores femininos.

O Zohar também sustenta esta interpretação ao afirmar que "negra, mas graciosa" *é* Lilith, o obscuro espelho que profetiza (Zohar I 49a). Além disso, somos informados de que:

> Na hora em que a Matronit (a Shekhina) se enfeita e deseja aproximar-se do Esposo, ela mesma se enfeita e diz às suas hostes: "Sou negra (Ct 1:5) – por parte do Abaixo – e graciosa *(ibid.)* – por parte da perfeição do Acima."[13]

A mesma mulher do sonho acima tivera anos antes um repetido devaneio em torno de seu analista. Enquanto se olhava no espelho do banheiro do consultório dele e escovava os cabelos, ela desejava que ele a visse, fosse possuído de desejo por ela e quebrasse o patriarcal tabu do incesto. Seu analista interpretou seu "desejo edipiano", mas estas palavras não se revelaram suficientemente eficazes para banir Lilith de seu espelho.

A mesma mulher, pouco tempo depois, teve um sonho no qual uma pessoa, parecida com Salomão, e refletindo também sua natureza Lilith, deu a ela sacas de laranjas maduras. Ela comparou esse presente ao tema do *Cântico dos Cânticos*: "Confortai-me com maçãs, pois estou doente de amor." Ela sabia que a vitamina C das laranjas ativa o sistema de autoimunização do corpo. Do mesmo modo, o reflexo de Lilith no

---

[13] Patai, *Gates to the Old City*, p. 450. Citado com permissão.

espelho pode ajudar a mulher a restaurar sua divisão interior entre Eva e Lilith.

O *animus* no sonho, parecido com Salomão, era na verdade um analista especializado em perturbações narcisistas. Para que a cura ocorra, é preciso não só uma intensa reflexão sobre a sombra Lilith de uma pessoa, mas faz-se necessário também consumir ou assimilar suas necessidades narcisistas.

Quando, numa psique feminina, Lilith se encontra separada de Eva, a mulher é sexualmente fria. Frequentemente, ela se casa com um homem que ajuda a perpetuar essa divisão, relacionando-se apenas com seu lado Eva. A alienação e desolação resultantes estão descritas num conto erótico de Anaïs Nin:

> Lilith era sexualmente fria, e seu marido em parte o sabia, apesar das simulações dela...
> Eles estavam sentados ali, juntos, e ele a olhava com uma expressão de suave tolerância, a mesma que costumava manter diante das crises nervosas dela, crises de egotismo, de autocensura, de pânico. A todos os seus dramáticos comportamentos, ele respondia com inabalável bom humor e paciência. Ela sempre se enfurecia sozinha, irritava-se sozinha, suportava sozinha suas intensas convulsões emocionais, das quais ele nunca participava.
> Possivelmente, tratava-se de um símbolo de tensão que não ocorria entre eles sexualmente. Ele recusava todos os

seus primitivos e violentos desafios e hostilidades, recusava-se a entrar com ela nessa arena emocional e a reagir à sua necessidade de ciúmes, temores, conflitos.

Talvez se ele tivesse aceitado seus desafios e jogado os jogos que ela gostava de jogar, talvez então ela poderia ter sentido sua presença com um impacto bem maior do que o meramente físico. Mas o marido de Lilith não conhecia os prelúdios do desejo sensual, não conhecia nenhum dos estimulantes que certas naturezas selvagens reclamam e, desse modo, em vez de responder-lhe tão logo visse seus cabelos se eriçarem, seu rosto mais vívido, seus olhos como duas tochas de fogo, seu corpo inquieto e impaciente como o de um cavalo que aguardasse o início da corrida, ele se refugiava atrás do muro da compreensão objetiva, dessa tranquila e irritante atitude de aprovação com a qual as pessoas olham para um animal no zoológico e riem de suas momices, sem penetrar em seu estado interior. Era isso que deixava Lilith num estado de isolamento – na verdade, como um animal selvagem em pleno deserto.

Quando ela se enfurecia e sua temperatura subia, o marido simplesmente deixava de existir. Ele mais parecia uma branda divindade que a olhasse dos céus e aguardasse que sua fúria se exaurisse por si mesma. Se ele, feito um animal igualmente primitivo, surgisse na outra extremidade desse deserto, encarando-a com a mesma tensão energética nos cabelos, na pele e nos olhos, se surgisse com o mesmo corpo selvagem, pisando fortemente e procurando um único pretexto para dar o bote, enlaçar-se furiosamente, sentir o calor e a força de seu oponente, então eles poderiam rolar juntos pelo chão e as mordidas poderiam tornar-se de outra espécie, e a luta se transformaria num abraço, e os puxões de cabelo fariam com que suas bocas, seus dentes e línguas se unissem. E, devido à fúria, seus órgãos genitais se roçariam mutuamente, soltando faíscas, e os dois corpos sentiriam a necessidade de penetrar um no outro para pôr um fim nessa formidável tensão.[14]

A sensação de inteireza que resulta da integração consciente de *ambas* – Lilith e Eva – é muito bem retratada nesta parábola moderna:

Houve certa vez um homem que sofreu o assédio de Lilith. O demônio tinha se disfarçado com as roupas de uma Mulher comum, humilde e agradável, e foi visitar Adão quando este se encontrava sozinho. Por que está sozinho?, perguntou Lilith. Onde está sua mulher, aquela que tomou o meu lugar?

---

[14] Extraído do *Delta of Venus*, de Anaïs Nin, copyright © 1977 de Anaïs Nin Trust. Reproduzido com a permissão de Harcourt Brace Jovanovich, Inc., pp. 58-59.

Saiu, foi visitar alguns parentes, mas voltará logo.

Ela não vai gostar de vê-la aqui, pois tem medo de você.

Por que minha irmã teria medo de mim?, perguntou Lilith. Sou tão humilde quanto ela. Sou tão boa e amável quanto ela. Amo meus pais e meus filhos tanto quanto ela. Mas não penso como ela; nossa diferença oculta-se em nossa mente, não em nossos corpos.

Acredito em você, disse Adão, e eu a amo, mas tenho necessidade de uma vida tranquila.

Está bem, disse Lilith, viva a sua vida tranquila. Mas eu sou a sua outra mulher e não o deixarei; eu o amarei como sempre o amei.

Adão fitou-a nos olhos e não disse mais nada. Os olhos dela eram como duas portas escancaradas que davam acesso a um mundo do qual ele já se esquecera; e Adão penetrou nesse mundo.

Quando Eva retornou, encontrou seus corpos e suas bocas unidas. Lilith e Adão estão juntos, ela pensou. Hospede-se em minha casa, irmã. Eu lhe trarei sua refeição na cama. Ela lhes trouxe comida e bebida na cama, retirou-se para um canto mais afastado da casa e se agachou junto ao fogão a fim de se manter aquecida; entrou em transe. Abandonou seu próprio corpo e entrou no corpo de sua irmã Lilith; desse modo, abraçou e beijou Adão, e o sentiu amando-a como nunca sentira até então.

Mas eu sou a sua Eva, disse Lilith. Por que está me amando tão apaixonadamente? Você nunca me amou antes com tanta paixão.

Adão riu e disse: Você partirá ao amanhecer e não a verei mais por um bom tempo. Se ajo apaixonadamente é porque nossa felicidade é curta.

Como pode dizer isso?, perguntou Lilith. Estarei aqui amanhã e depois de amanhã, e todos os dias até o fim da sua vida. Por que você está me amando tão apaixonadamente? Pensa que sou aquela que pareço ser? Eu sou Eva e estou falando pela boca de minha irmã.

Você está brincando, disse Adão, rindo; sei que você partirá ao amanhecer e não retornará durante um bom tempo.

Lilith, que agora era Eva, beijou-o e disse: Quem me dera fosse assim, mas não posso deixá-lo. Ficarei com você, porque você está incendiado de desejos por esta outra mulher cujo corpo, de agora em diante, será meu. Olhe-me atentamente e diga-me se você não vê que sou Eva, sua esposa?

Eva está sentada naquele canto, disse Adão. Mas quando voltou o rosto nessa direção, nada havia ali, a não ser as chamas do fogão.[15]

---

[15] Jakov Lind, "Lilith and Eve", in *Imperial Messages*, Nova York, Avon, 1976, editado por Howard Schwartz, pp. 139-140. Copyright © Jakov Lind, 1983. Citado com permissão.

Esther Harding assinala que, para que a individuação possa ocorrer, uma mulher precisa ser fiel ao seu próprio sentimento feminino e não ao contrato ou à lei.[16] Além disso, Rivkah Kluger mostra que, em virtude de a sombra da rainha de Sabá tornar-se consciente quando sua natureza Lilith é refletida, ela pode alcançar um nível mais alto de desenvolvimento e conhecer suas próprias e profundas fontes da sabedoria feminina.[17]

Uma imagem da totalidade representativa da integração potencial do eu feminino manifestou-se no seguinte sonho de uma mulher que viveu e integrou conscientemente muitos aspectos do mito Lilith. Ela sonhou que, ao lado de outra mulher chamada Eva, passeava numa limusine, em majestosa pompa, em direção ao centro de uma cidade que possuía quatro portas de entrada. A cidade tinha a forma de uma mandala rósea, dourada e negra, com cúpulas circulares e douradas em cada canto e circundada por um escuro céu noturno. É importante mencionar que a paciente, durante muitos anos, viveu o lado Eva de sua natureza num tradicional casamento patriarcal. Na época do sonho, ela vivia muitos aspectos de sua natureza Lilith através de um apaixonado caso amoroso. Sua amiga Eva, que se encontrava com ela na limusine do sonho, era uma mulher latino-americana cujo marido se divorciara para "libertar-se", sob

---

[16] M. Esther Harding, *Woman's Mysteries*, Nova York, The C. G. Jung Foundation, 1971, p. 162.
[17] Kluger, *Psyche and Bible*, pp. 112-120.

a alegação de que ela não era mais uma Eva (submissa) para ele. Assim, os lados Eva e Lilith da paciente estavam conjuntamente simbolizados pelas curvas róseas, douradas e negras – bastante femininas – da cidade mandala.

Para as filhas de Eva, a sombra Lilith encontra-se muito próxima do transpessoal e a assimilação de Lilith tem um profundo efeito sobre a individuação. A Baba Yaga, uma bruxa parecida com Lilith, voa através do céu noturno num almofariz e usa um pilão para remar. Marie-Louise von Franz conta-nos que se trata de um símbolo da trituração dos elementos essenciais, da *prima materia*. É uma realização tão profunda da sombra, que nada mais pode se dizer a respeito. É o ponto crítico. O ego, em seu aspecto negativo, foi pulverizado e precisa entregar-se a poderes mais superiores.[18] Tanto Lilith como a Shekhina seguem as pegadas do rebanho, são negras, mas graciosas, e são vividas pelas mulheres como aspectos da sombra transpessoal.

Lilith, a Assassina de Crianças

As antigas lendas a respeito da relação de Lilith com as crianças mostram uma progressão.

A partir do momento em que apareceu, ela dirigiu-se aos querubins que têm os "pequenos rostos de ternas crianças"

---

[18] Marie-Louise von Franz, *The Feminine in Fairy Tales*, Nova York, Spring Publications, 1972, p. 115.

e desejou unir-se a eles e ser um deles, e não estava disposta a afastar-se deles (Zohar I 18b).

Mas o Senhor, abençoado seja, separou-a deles e fez com que fosse para baixo... Ele a repreendeu e lançou-a às profundezas do mar, onde ela permaneceu até o momento em que Adão e sua mulher pecaram. Então o Senhor, abençoado seja, tirou-a das profundezas do mar e outorgou-lhe poder sobre todas aquelas crianças, os "pequenos rostos" dos filhos dos homens, que estão sujeitos à punição pelos pecados de seus pais (Zohar I 19b).

O Zohar (76b) explica que, uma vez que Eva gerou Caim da imundície da serpente, ela estava sempre sujeita à punição pela "serva" e "criada" de Deus, Lilith, que podia arrebatar-lhe suas crianças recém-nascidas (Zohar II 96a-b). Desse modo, as filhas de Eva estão sujeitas aos dois aspectos do feminino. Existe Eva, a mãe de todos os viventes, e Lilith, o açoite punitivo de Deus, que mata as crianças.

Eva é o lado do feminino instintivo que nutre a vida, enquanto Lilith é o seu lado oposto, aquele que lida com a morte. Diz-se que as filhas de Eva estão sujeitas à dor de Lilith a cada diminuição da Lua. Lilith rege os Equinócios e os Solstícios.[19] Do mesmo modo que Hécate, seus poderes são superiores nas

---

[19] Patai, *The Hebrew Goddess*, p. 233.

Figura 12. "A história de Lilith", de Howard Schwartz, fala de um homem e de sua esposa que salvam seu bebê da inveja assassina de Lilith usando esse amuleto. (Cortesia da artista israelense Tsila Schwartz. Para referência completa, ver bibliografia.)

Figura 13. Vários amuletos para o parto. Entre eles: um colar do Afeganistão para mulher grávida, feito de prata, com três pingentes com a forma de mão e outros dois retratando crianças (século XIX); uma peça de prata gravada, com pedras turquesas (Pérsia, século XIX); prata forjada e gravada, com contas de coral (Pérsia, séculos XVIII-XIX); medalhão, com o formato de um coração, esculpido em prata, do Marrocos (século XIX); uma fivela de prata gravada, da Pérsia (séculos XVIII-XIX); e um amuleto do Marrocos (século XIX), com o formato de um peixe, feito de prata forjada. O amuleto tem três pingentes, sendo a forma de um deles parecida com a de um sapo. (De *Sir* Isaac and *Lady* Edith Wolfson Museum Collection, Jerusalém. Reproduzido com a devida permissão.)

Figura 14. Amuleto esculpido em prata, para a mãe e o filho. Observe a imagem do demônio Lilith no centro e a inscrição ao redor do amuleto. Veja também a figura 17, onde Lilith está rodeada por correntes de ferro. Pérsia, século XIX. (Cortesia de *Sir* Isaac and *Lady* Edith Wolfson Museum Collection, Jerusalém.)

Figura 15. Amuleto da Palestina para uma mulher em trabalho de parto. A proteção contra Lilith está escrita à mão num papel, emoldurado com madeira dourada. Século XIX. (Cortesia de *Sir* Isaac and *Lady* Edith Wolfson Museum Collection, Jerusalém.)

encruzilhadas instintivas da vida de uma mulher: na puberdade, em cada menstruação, no início e no fim da gravidez, da maternidade e da menopausa. As mulheres modernas, as filhas de Eva, que reconhecem o poder de Lilith nesses pontos críticos, têm usado amuletos que tanto exaltam como afastam Lilith. Ou seja, muitos desses amuletos são usados não só para a fertilidade como também para evitar que, durante o parto, ocorra algum mal à mulher e ao recém-nascido (ver figuras 12-17 e 24-33).

Uma mulher vive os lados Eva e Lilith de sua natureza no fluxo e refluxo do seu ciclo menstrual. Na primeira metade do ciclo, Eva está em ascensão; prevendo a ovulação e talvez a concepção, ela se sente receptiva, aberta e relacionada. Quando a concepção não ocorre, Lilith assume o domínio. A expectativa cede lugar ao desespero, e a bruxa raivosa da pré-menstruação arrasta-a ao desolado deserto e à amargura da choupana menstrual.

Segundo a lenda, Lilith foi tornada estéril por Deus, quando ele "esfriou" a fêmea de Leviatã.[20] Ela não tinha leite nos seios e era incapaz de gerar crianças humanas.[21] O ciúme de Lilith por Eva é ressaltado pela crença popular de que uma única gota do sangue menstrual de Lilith está carregado de amargor e veneno suficiente para matar a população de toda uma cidade.

---

[20] Patai, *The Hebrew Goddess*, p. 235.
[21] Patai, *The Hebrew Goddess*, p. 208.

Figura 16. Amuleto (Curdistão, século XIX) para uma mulher, gravado com a palavra *Zamargad,* um dos reinos sobre os quais Lilith governou. É visível também a palavra *Shaddai*, um dos nomes místicos para Deus. O amuleto é feito de prata gravada e soldada e tem uma corrente e guizos. (Cortesia de *Sir* Isaac and *Lady* Edith Wolfson Museum Collection, Jerusalém.)

A guerra entre Eva e Lilith alastra-se e atinge outro nível. Eva pode ter suas necessidades satisfeitas numa relação. Lilith não pode. Ela tem de fugir. Ela não aceita a dependência e a submissão. Ela não será acorrentada ou enjaulada. Ela precisa ser livre, mover-se e mudar. Ela é um aspecto do ego feminino individualizado que só pode se desenvolver no deserto, sem relacionamentos, sem eros e sem filhos, sempre com ciúmes de Eva, que permanece abraçada ao homem.

Eva, por sua vez, sente-se acorrentada à Terra pelos homens e pelos filhos, e reflete os ciúmes de Lilith. Em *Símbolos de transformação*, Jung fala da história de Lilith comparando-a ao mito de Lâmia que seduziu Zeus. A ciumenta Hera vingou-se fazendo com que ela gerasse apenas crianças mortas. Desde então, a irada Lâmia tem perseguido as mulheres grávidas, raptando bebês e estrangulando-os.[22] A figura 18 mostra Lâmia, alada e com garras de pássaro, arrebatando uma criança recém--nascida. O ciclo de alternâncias entre os aspectos Lilith e Eva da psique feminina é infindável.

A história de Adão, de Eva e de Lilith é contada no Zohar:

> Ele criou Adão e deu-lhe uma companheira; assim que Lilith viu Eva colada ao lado dele, a forma de Adão fez com que ela se recordasse da beleza celestial, e ela voou

---

[22] C. G. Jung, *Symbols of Transformation*, Princeton, Princeton University Press, Bollingen Series, 1956, Collected Works, vol. V, § 369.

daquele lugar... e viveu junto ao Mar Vermelho até que Adão e sua mulher pecaram. Então o Senhor, abençoado seja, decretou que, a partir daquele dia, ela deveria descarregar sua vingança sobre os filhos do homem (Zohar I 19b).

Do mesmo modo que os seres celestiais se mantêm ao lado de Deus, Eva permanece sempre ao lado de Adão. Clinicamente, isto se observa nas mulheres que fazem aquilo que delas se espera devido a um severo juízo patriarcal, firmemente enraizado dentro delas mesmas, que decreta, como faz o Zohar: "... pois uma mulher não desfruta de nenhuma estima, a não ser junto do marido" (Zohar I 20a). Ou então observa-se um comportamento de apego semelhante em mulheres que possuem uma intensa necessidade infantil de serem amadas e elogiadas por um homem ou pelo pai. Lilith, a assassina de crianças, estrangula essas necessidades infantis.

As histórias de Lilith, enquanto assassina de crianças, são bastante contraditórias. Ela brinca com os bebês enquanto estão adormecidos, fazendo-os sonhar e sorrir (recomenda-se bater de leve no nariz do bebê para despertá-lo e afastar o espírito de Lilith).[23] É ela quem entrelaça os cabelos na nuca dos bebês enquanto brinca com eles, fazendo-lhes cócegas e provocando-lhes riso e prazer. No entanto, é Lilith quem também

---
[23] Patai, *The Hebrew Goddes*, p. 228.

provoca epilepsia, estrangulamento e morte nos bebês nascidos da "impureza".

As forças de Eva, mãe de todos os viventes, e de Lilith, espírito da Noite e do Ar, evidenciam-se no conflito das mulheres entre, de um lado, dar à luz e cuidar dos filhos e, de outro, entre a necessidade de gerar e de nutrir ideias e obras. As mulheres que combinam maternidade e carreira profissional se envolvem num ato contínuo de malabarismo, que requer sincronia e equilíbrio. À medida que tenta dar conta das necessidades de seus filhos, de seu trabalho e de si mesma, a mulher pode, inesperadamente, sentir-se invadida pelo furor assassino de Lilith.[24] Isso ocorre, na maioria das vezes, quando a própria mãe não está conseguindo arcar com seus deveres de mãe. Ou seja, quando está cansada, machucada ou doente, ou quando o lado Lilith de sua natureza sofre a ameaça de ser acorrentado ou enjaulado pelas necessidades dos outros ou pelos conceitos patriarcais (*animus*).

Aqui, uma filha de Eva, atacada pelo seu apego infantil aos ideais patriarcais de "O anjo na casa", encontra salvação no ódio mortal de Lilith pelas crianças:

---

[24] Embora os noticiários muitas vezes falem de mulheres que matam seus filhos quando separadas dos maridos – e as mulheres com frequência sentem esse impulso assassino –, o único romance que conheço onde essas fantasias são francamente narradas é *The Fire-Dwellers,* de Margaret Laurence. Por outro lado, um fio vermelho (um amuleto contra Lilith) aparece misteriosamente em *Disturbances in lhe Field,* de Lynn Sharon Schwartz, quando uma mulher sofre uma depressão após o parto e não consegue retomar sua carreira musical.

... descobri que... precisava travar uma batalha com um determinado fantasma. E o fantasma era uma mulher, e quando cheguei a conhecê-la melhor, passei a chamá-la pelo nome da heroína de um famoso poema, "O anjo na casa"... Ela era intensamente simpática. Maravilhosamente

Figura 17. Amuleto persa do século XIX para a proteção de uma criança recém-nascida contra Lilith. Lilith é representada com os braços estendidos e acorrentada. Sobre seu corpo, está escrito: "Proteja esta criança recém-nascida de qualquer mal." Em cada um dos lados estão os nomes de Adão e Eva, bem como dos patriarcas e das matriarcas, enquanto no alto, acima dela, estão as letras iniciais de uma passagem dos Números (6:22-27) e, abaixo, dos Salmos (121). (Cortesia do Israel Museum, Jerusalém.)

encantadora. Totalmente abnegada. Ela se distinguia nas difíceis tarefas da vida em família. Se havia galinha, ela ficava com o pé; se havia uma corrente de ar, sentava-se bem ali. Em suma, sua constituição era tal, que ela nunca tinha um pensamento ou desejo próprios, preferindo antes apoiar os pensamentos e desejos dos outros. Acima de tudo, ela era, é desnecessário dizer, pura... E quando me punha a escrever, deparava-me com ela logo nas minhas primeiras palavras. A sombra de suas asas espalhava-se sobre a minha página; eu ouvia o farfalhar da sua saia no quarto... Ela se aproximava furtivamente pelas minhas costas e sussurrava... Seja simpática; seja delicada; faça elogios; engane; lance mão de todas as artes e ardis do seu sexo. Nunca permita que alguém pense que você tem um pensamento próprio. Sobretudo, seja pura. E agia como se estivesse guiando a minha caneta. Relato agora a única ação que me levou a ter algum apreço por mim mesma... Voltei-me para ela e a agarrei pela garganta. Apertei com toda a minha força, até matá-la. Minha defesa, caso fosse levada a um tribunal, seria a de que agi em defesa própria. Se eu não a matasse, ela me mataria.[25]

---

[25] Virginia Woolf, "Professions for Women", in *The Death of the Moth and Other Essays*, Nova York, Harcourt Brace Jovanovich, e Londres, The Hogarth Press, 1970, pp. 236-238. Copyright © propriedade literária do autor, e reproduzido com permissão.

Neste nível intrapsíquico, a autodestrutiva cisão entre Eva, a nutridora de crianças, e Lilith, a assassina de crianças, é observada naquelas mulheres que não atendem às próprias necessidades corporais. Elas prosseguem em suas atividades mesmo cansadas, alimentam-se de modo insuficiente e irregular e maltratam o corpo numa tentativa de estrangular sua criança interior. A alternância das qualidades de Eva e de Lilith pode facilmente ser observada nos ciclos de acúmulo e purgação dos distúrbios alimentares, tão frequentemente encontrados nas mulheres.

Figura 18. Lâmia arrebatando um bebê recém-nascido. (De um friso, "Túmulo das Harpias", Acrópole de Xanto. Cortesia do British Museum.)

Em determinadas épocas, particularmente durante os dias pré-menstruais, quando Lilith assume o domínio, é necessário que a mulher atenda às suas necessidades Lilith de liberdade e isolamento, a fim de estrangular suas necessidades infantis de amor e aprovação num relacionamento e de fugir das necessidades dos outros. Durante esse período, ela pode se conscientizar de tudo o que tem sido rejeitado ou negligenciado em relação ao lado Lilith. Desse modo, as destruidoras energias Lilith, assassinas de crianças, podem ser reunidas e deixadas à disposição de Eva, para que esta, em seu novo ciclo, consiga obter um relacionamento melhor.

O conto popular a seguir ilustra de que modo as energias Lilith, assassinas de crianças, podem ser redimidas através da reflexão consciente a respeito de sua natureza. Um espelho é novamente necessário para se conhecer a qualidade Lilith e transformá-la de assassina autodestruidora em autoamorosa e capaz de se aceitar a si mesma. Nesta história, a mãe Holle ou Hulda, o teutônico demônio noturno de longos cabelos que atacava bebês e é identificado com Lilith, transforma-se em Vênus, a Deusa do Amor, através de uma "receita de amor" judaico-iídiche:

> Consiga um ovo, botado numa quinta-feira por uma galinha negra como azeviche e que nunca tenha botado um ovo antes. No mesmo dia, depois do pôr do sol, enterre-o

numa encruzilhada. Deixe-o ali três dias; em seguida, desenterre-o depois do pôr do sol, venda-o e compre, com a quantia conseguida, um espelho, que você deve enterrar, ao entardecer, no mesmo local, "em nome de *Frau* Vênus", dizendo: *"allhie begrab ich diesen Spiegel in der Lieb, die Frau Venus zu dem Dannhauser hat"*. Durma nesse lugar três noites, desenterre a seguir o espelho e todo aquele que nele se olhar ficará apaixonado por você![26]

Para se tornar consciente da profunda cisão no feminino entre Lilith, a assassina de crianças, e Eva, a amante de crianças, a mulher precisa estar vinculada a si mesma num nível corpóreo básico e instintivo. Na lenda seguinte, Salomão, ao espelhar a cisão na natureza da mulher e ao erguer a espada da lógica masculina, enfoca a mulher em sua verdadeira necessidade instintiva.

As duas prostitutas que compareceram diante de Salomão não eram outras senão Lilith e Naama.[27] Ambas tinham dado à luz na noite anterior. Ao acordarem, uma das crianças havia morrido. As duas mulheres compareceram diante de Salomão e cada uma reivindicava como sua a criança viva. Salomão, conhecedor das sendas da psicologia feminina, decretou que a

---

[26] Joshua Trachtenberg, *Jewish Magic and Superstition*, Filadélfia, Meridian Books/Jewish Publication Society of America, 1961, p. 43
[27] Ginzberg, *The Legends of the Jews,* vol. IV, pp. 130-131.

criança fosse partida ao meio e ergueu sua espada da justiça. Imediatamente, a verdadeira mãe gritou: "Dê-lhe a criança, mas não a mate".

Portanto, a sabedoria do coração, semelhante à de Salomão, faz com que uma mulher entre em contato com sua própria natureza feminina, a qual contém tanto Lilith como Eva, impedindo-a de tornar-se inteiramente possuída pela demoníaca destrutibilidade de Lilith em busca de poder.

CAPÍTULO V
Expulsa e Redimida

Embora tenhamos observado repetidamente uma necessidade psicológica de conhecer e integrar Lilith, enquanto sombra feminina não só pessoal, mas também coletiva, a primária e tradicional forma patriarcal de procedimento em relação a ela tem sido suprimi-la ou expulsá-la.

Supressão e Negação

Nos tempos antigos, acreditava-se que o poder de Lilith podia ser capturado debaixo de um vaso invertido, no qual tivesse sido escrita uma fórmula mágica apropriada.[1] Os vasos babilônicos (ver figuras 19 e 20) de 600 a.c. retratam Lilith fortemente amarrada com correntes, pois o ferro é o material tradicional para se prender demônios. (A figura 17 também fornece uma ilustração disso.) O encantamento a seguir destina-se a suprimi-la:

> Amarrada está a feiticeira Lilith com um pino de ferro em seu nariz; amarrada está a feiticeira Lilith com um torquês de ferro em sua boca; amarrada está a feiticeira Lilith... com uma corrente de ferro em seu pescoço; amarrada está a feiticeira Lilith com grilhões de ferro em suas mãos; amarrada está a feiticeira Lilith com pilares de pedra em seus pés.[2]

Outros vasos babilônicos apresentam ordens de divórcio, expulsando Lilith:

---

[1] Theodor H. Gaster, *The Holy and the Profane*, Nova York, William Morrow & Co., 1980, p. 27.
[2] Patai, *The Hebrew Goddess*, p. 217. Citado com permissão.

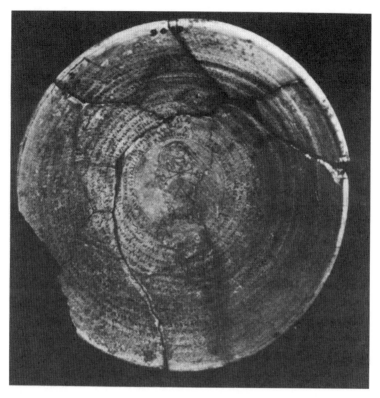

Figura 19. Vaso aramaico de encantamento da Pérsia. Lilith aparece no centro, nua e com os cabelos caindo pelas costas. (Reproduzido com a permissão do University Museum, University of Pennsylvania.)

Tu, Lilith do deserto, tu, bruxa, tu, vampira... descalça és tu enviada, nua, com os cabelos em desalinho e caindo-te às costas.³

---

³ Gaster, *The Holy and the Profane*, p. 27.

Uma série de forças poderosas são invocadas para ajudar na expulsão de Lilith:

> Sê informada por este meio de que o rabino Joshua bar Parahia decretou o teu banimento... Uma ordem de divórcio chegou a nossas mãos vinda dos céus. Tu, Lilith... Bruxa e Raptora, considera-te banida. Uma ordem de divórcio chegou para ti vinda através do mar... Ouve-a e parte... Não deverás discutir nem manifestar-te... seja num sonho à noite, seja em cochilos diurnos, porque estás selada com o selo de EI Shaddai, e com o selo da Casa de Joshua bar Parahia e pelos Sete que estão diante dele...
>
> Tu, Lilith... Bruxa e Raptora, ordeno-te, em nome da Força de Abraão, pela Firmeza de Isaac, pelo Shaddai de Jacó, em nome de Jeová... pela vontade de Jeová... sai daqui [desta casa]... Teu divórcio e separação... enviado através dos anjos sagrados... as Hostes de fogo nas esferas, os Veículos da Presença diante de seu exército; as Bestas cultuando no fogo, no trono e na água... Amém, Amém, Selá, Aleluia![4]

No folclore também há tentativas no sentido de expulsar Lilith. Um exemplo bastante representativo pode ser encontrado num impressionante conto a respeito de Lilith sob a

---

[4] Patai, *The Hebrew Goddess*, p. 213. Citado com permissão.

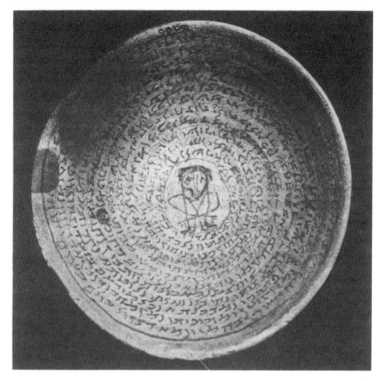

Figura 20. Vaso aramaico de encantamento, onde se vê Lilith, no centro, com um olhar bastante desolado. Século VI. (Reproduzido com a permissão do University Museum, University of Pennsylvania.)

forma de uma coruja (ver figura 21, p. 140), compilado pelos irmãos Grimm:

> Há muitos e muitos anos, um monstro com chifres extraviou-se de seu caminho. Era uma coruja com garras afiadas e dois enormes chifres cobertos de penas acima de

cada olho. Ao avistar uma tranquila floresta, um estábulo com a porta aberta, a criatura voou para dentro e pousou numa viga para ali passar a noite.

Na manhã seguinte, bem cedo, o fazendeiro apareceu para ordenhar as vacas. Porém, deparando-se com o monstro, correu para fora, apavorado. Gritou por socorro aos seus vizinhos. Vieram todos correndo, armados com seus forcados e foices. Contudo, ao verem aqueles olhos enormes, agourentos, estacaram imediatamente.

O fazendeiro mandou então chamar um homem, considerado o homem mais corajoso e mais forte de toda a aldeia. "Deixem comigo", disse-lhes o destemido. "Ela não nos encarará por muito mais tempo!" E, sem vacilar, entrou no estábulo como se estivesse indo recolher os ovos da manhã, sem a menor preocupação.

Mas ele viu aqueles olhos enormes e redondos, escancarados, aqueles chifres cobertos de penas, erguendo-se no alto da cabeça do monstro como se fossem os chifres de algum demônio dos infernos. O homem, que todos esperavam fosse salvá-los do monstro, não passou do quinto degrau da escada. Por pouco não escorregou, por pouco não caiu ao chão em sua desesperada fuga para fora do estábulo.

Os aldeões ficaram agitados. O melhor dentre eles acabara de sair correndo. A criatura ameaçava destruir a todos. Finalmente, os dois burgomestres sugeriram que cada um contribuísse com uma determinada quantia de dinheiro, suficiente para pagar o proprietário por seu estábulo e todo o feno, milho e animais que estivessem no seu interior.

Na manhã seguinte, no local onde antes se erguia o estábulo, nada mais restava senão cinzas.

E não havia mais nenhuma coruja.[5]

Enquanto este conto de fadas europeu deixa os efeitos derradeiros da ação supressiva por conta da imaginação, o próximo conto hassídico a respeito de uma tentativa de obliterar Lilith e Samael descreve com mais eficácia as terríveis consequências de tal ação:

> O rabino Joseph de la Reina de Safed, versado nas artes da Cabala prática, resolveu instalar a redenção e erradicar o poder maligno, Lilith e Samael, da face da Terra. Por diversas vezes, ele foi advertido do perigo de seu intento pelo profeta Elias e pelos anjos Sandalafon, Ackhtariel e Matatron. Finalmente, quando perceberam a inutilidade de suas advertências, os anjos informaram ao rabino Joseph de que Samael e Lilith haviam assumido a forma

---

[5] Ver "The Owl", in *Riding the Nightmare*, Nova York, Atheneum, 1978, de Selma Williams e Pamela J. Williams, pp. 73-74. Citado com permissão.

Figura 21. Lilith como a coruja-das-torres ou o demônio alado noturno. À medida que o Sol, inimigo original de Lilith, se ergue atrás dela, ela olha de relance para a inscrição que diz: "Temo este dia." Gravura alemã de Johann Wechtlin, intitulada "Alegoria com uma Coruja", cerca de 1530. (Cortesia do Fogg Art Museum, Harvard University, Cambridge.)

de dois cachorros negros. Recomendaram a ele que fosse extremamente cauteloso, pronunciasse determinadas preces e não ofertasse a Samael e Lilith nenhum tipo de comida ou bebida.

Depois de cumpridos todos esses requisitos e de capturar Lilith e Samael, o rabino Joseph e seu grupo aproximaram-se do Monte Seir, onde os Demônios seriam destruídos para sempre. O rabino Joseph pegou uma pitada de olíbano e cheirou-a. Samael disse: "Já que você não me dá nada para comer, deixe-me, ao menos, cheirar um pouco desse seu olíbano."

O rabino Joseph estendeu então sua mão e deu-lhe alguns grãos de olíbano; e Samael expeliu de sua boca, com um sopro, uma centelha de fogo e queimou o incenso, enquanto o rabino Joseph ainda o estava segurando.

A fumaça penetrou nas narinas de Samael e ele rompeu os grilhões que o detinham. Dois dos discípulos morreram imediatamente, outros dois enlouqueceram, e o rabino Joseph ficou apenas com um único discípulo, abatido, exausto e espantado. Ele não sabia que havia posto em risco sua alma ao dar o incenso ao demônio, que o transformou em fumaça: agindo assim, o rabino Joseph, sem o saber, envolvera-se em idolatria, anulando todas as forças sagradas.

O rabino Joseph terminou seus dias casado com a maligna Lilith. Ele se corrompeu de todos os modos possíveis, utilizando os Nomes sagrados e outros Nomes, bem como os conjuros que conhecia na prática do mal.[6]

Redenção

Visto que a drástica supressão de Lilith causa destruição, de que modo então ela deverá ser tratada? Surpreendentemente, há um texto do século XV que é um encantamento mágico para se trazer uma linda moça *para dentro* de um dormitório. Embora Igrat não seja exatamente Lilith, podemos, todavia, aprender alguma coisa desse texto a respeito de como lidar com a sensualidade feminina. O encantamento reconhece, respeitosamente, o poder demoníaco da mulher e a minuciosa fórmula sugere o alto nível de consciência necessário para um bem-sucedido encontro com o poder.

Eu te ordeno, Igrat, filha de Mahalath, rainha dos demônios, pelo poderoso e terrível Nome, em nome dos anjos sagrados e em nome de Bilar o heroico, rei dos demônios,

---

[6] Duas versões desse conto são narradas por Micha Joseph Ben Gorion, in *Mimekor Yisrael*, Bloomington and London, Indiana University Press, 1976, vol. II, pp. 837-852. Esta é uma versão resumida do conto, feita por mim.

que me envies... a linda donzela dentre as donzelas que te seguem, cujo número é idêntico ao número dos dias do ano, e em nome de Metatron e Sandalfon, AAA NNN SSS. E isso deve ser feito ou em vésperas de domingo ou em vésperas de quarta-feira. E deve-se ter um quarto isolado e uma cama branca, com roupas brancas e limpas, e o quarto e a cama devem ser fumigados com aloés. E o instruído compreenderá.[7]

O próximo conto hassídico ilustra que, mesmo quando o objetivo supremo consiste em evitar ser possuído por Lilith, deve-se, primeiro, invocá-la e conhecê-la conscientemente através de perguntas. Somente então é possível libertar-se dela.

Um homem, de quem Lilith tinha tomado posse, viajou para Neskhizh, onde queria pedir ao rabino Mordecai que o libertasse. O rabino pressentiu que esse homem estava a caminho de sua casa e ordenou a todos os habitantes da cidade que fechassem suas portas ao anoitecer e não deixassem ninguém entrar. Quando, ao cair da noite, o homem chegou à cidade, não conseguiu encontrar nenhum alojamento e teve de se deitar no alto de um monte de feno num celeiro. Instantaneamente Lilith apareceu e disse: "Desça e venha até mim."

[7] Patai, *The Hebrew Goddess*, p. 224. Citado com permissão.

Ele perguntou: "Por que você quer isso? Geralmente é você que vem até mim".

"Nesse feno sobre o qual você está deitado", ela respondeu, "há uma erva que me impede de aproximar-me de você."

"Qual delas?", ele perguntou. "Eu a jogarei fora e então você poderá vir até mim."

Ele foi-lhe mostrando várias ervas, até que ela disse: "É essa!" Então ele a amarrou no peito e ficou livre.[8]

O conhecido conto popular "Haninah e o sapo" ilustra o tema da redenção mediante cuidadosa e consciente apreensão e conhecimento de Lilith. O conto começa com as seguintes palavras: Uma história verdadeira.

Quando o rico e piedoso pai do rabino Haninah estava velho e prestes a morrer, pediu a seu filho que, após os sete dias de luto, fosse ao mercado. Ali, explicou ao rabino Haninah, ele deveria comprar a primeira coisa que visse, mesmo que fosse muito cara. Caso se tratasse de uma coisa viva, ele deveria criá-la e cuidar dela, pois ela lhe traria algo de bom. Contudo, seu pai não lhe disse que coisa

---

[8] Ver "Lilith", de Martin Buber, in *Tales of the Hasidim*, Nova York, Schocken Books, 1948, vol. II, p. 166.

seria essa. O rabino Haninah fez como seu pai lhe pedira. Passados os sete dias de luto desde sua morte, ele foi ao mercado e comprou a primeira coisa que viu – uma caríssima caixinha de prata. Dentro da caixinha, encontrou uma segunda caixinha e, dentro desta, um sapo. Haninah deu comida e água ao sapo e cuidou dele. Quando o sapo cresceu e a caixinha tornou-se muito pequena para ele, Haninah construiu-lhe uma casinha. Como Haninah não reduzia a alimentação, em pouco tempo o sapo cresceu tanto que não cabia mais na casinha; o rabino Haninah construiu-lhe então um quarto, onde o sapo estaria bem confortável. Ele alimentava o sapo com o que havia de melhor e de mais caro e, desse modo, acabou gastando tudo o que possuía. Haninah e sua mulher dirigiram-se então ao quarto do sapo e disseram: "Querido amigo, apesar da nossa imensa tristeza, não poderemos mais ficar com você, pois não temos mais nada." O sapo respondeu: "Querido Haninah, não se aflija. Já que você me alimentou e cuidou de mim durante todo esse tempo, você pode agora me fazer um pedido. Diga-me exatamente o que você mais deseja e você o terá." Haninah disse: "A única coisa que desejo é aprender toda a Lei." O sapo escreveu várias fórmulas mágicas num pedaço de papel e disse a Haninah que o engolisse. Ele assim fez e, prontamente, sabia toda a Torah e as setenta línguas. Podia até mesmo entender a língua dos animais e dos pássaros. O sapo deu então à esposa de Haninah a recompensa. Conduziu-os à Floresta das Árvores e chamou uma quantidade imensa de pássaros e animais. A seguir, ordenou-lhes que trouxessem tantas joias e pérolas quantas pudessem carregar. Além disso, deveriam trazer todas as espécies de raízes e ervas medicinais. O sapo ensinou então ao rabino Haninah e à sua esposa os usos e as secretas fórmulas de cura de cada uma das ervas e raízes.

Quando o sapo estava prestes a partir, disse: "Que o Bom Deus os abençoe e lhes seja grato por todo o trabalho e incômodo que lhes dei. Embora vocês não me tenham perguntado quem eu sou, vou-lhes contar o segredo: sou o filho de Adão e de Lilith, concebido durante os cento e trinta anos em que Adão esteve separado de Eva."[9]

Como na história de Sariel, o filho de Lilith com Ashmodai, o esclarecimento provém da eficaz e intencional hospedagem e dos cuidados dispensados a esses descendentes de Lilith. O Talmud (B. Bab. Bath. 73 a-b) cita também Hormin, mais um filho de Lilith, que foi condenado à morte por uma

---

[9] A versão do Mayse Book dessa história aparece em *Great Works of Jewish Fantasy and Occult*, pp. 437-445. Outra versão, na qual o sapo é substituído por um escorpião, aparece em *Mimekor Yisrael*, vol. III, pp. 1112-1122. (Ver nota 6, p. 142.)

assembleia dos governantes dos demônios por ter, do mesmo modo que o sapo, revelado segredos aos seres humanos.

A história bíblica do encontro da rainha de Sabá com Salomão proporciona um paradigma que possibilita às mulheres tornarem-se conscientes de Lilith em sua natureza e desenvolver um relacionamento com o sábio rei interior. "E quando a rainha de Sabá ouviu falar sobre a fama de Salomão, referente ao nome do Senhor, veio prová-lo por difíceis perguntas." (I Reis 10:1).

Kluger[10] interpreta as palavras hebraicas mostrando que Sabá, ao proceder como Lilith, foi tentar Salomão e testá-lo com difíceis perguntas e enigmas. Segundo a lenda judaica, os enigmas que a rainha de Sabá apresentou a Salomão são uma reprodução das palavras de sedução que Lilith usou com Adão.[11] A Bíblia prossegue: "E quando Sabá veio a Salomão, ela lhe disse tudo o que estava em seu coração. E Salomão respondeu a todas as suas perguntas: e não houve nenhum enigma que ele deixasse sem resposta." (I Reis 10:3).

Por proceder conscientemente de acordo com a sua natureza Lilith, procurando Salomão e tentando-o, ou testando-o, e por abrir inteiramente seu coração a ele, a rainha de Sabá pôde acolher sua sabedoria em seu interior.

---

[10] Kluger, *Psyche and Bible*, p. 94.
[11] Gershom Scholem, *Kabbalah*, Nova York, Quadrangle, 1974, p. 358

E ela disse ao rei:

"Era verdade tudo aquilo que, em minha própria terra, ouvi dizer acerca de teus atos e de tua sabedoria. Não obstante, não acreditava no que ouvia, até que vim e meus olhos te viram; e eis que não me disseram nem a metade; tu tens a sabedoria e prosperidade que excedem a fama que ouvi. Afortunadas as tuas mulheres, afortunados estes teus servos, que permanecem continuamente diante de ti e ouvem tua sabedoria." (I Reis 10:6-9).

Uma vez mais, é essa sabedoria salomônica – que espelha a natureza divina e demoníaca da mulher – que redime Lilith. Ela não pode ser expulsa; pelo contrário, ela deve ser acolhida e conhecida conscientemente.

A razão da necessidade de um pleno encontro entre as forças da consciência masculina e feminina é expressa na *lysis* da história de Lilith e Adão:

Conta-se que, logo após Lilith ter deixado Adão, ele ajoelhou-se diante do seu criador e disse: "Senhor do Mundo, a mulher que me deste afastou-se de mim." Imediatamente, o Senhor Deus enviou os três anjos, Sanvai, Sansanvai e Semangelof para trazê-la de volta. Eles a alcançaram no deserto, perto do Mar Vermelho. "Volta, sem demora, para junto de Adão", disseram os anjos, "ou te afogaremos!"

Lilith perguntou: "Como posso voltar para junto de Adão e ser sua mulher, depois de minha permanência às margens do Mar Vermelho?" "Se recusares, serás morta!", eles responderam. "Como posso morrer", tornou a perguntar Lilith, "quando Deus me mandou tomar conta de todas as crianças recém-nascidas: dos meninos até o oitavo dia de vida, a data de sua circuncisão; das meninas até o vigésimo dia? Entretanto", ela disse, "eu vos juro, em nome de Deus, El, que está vivo e existe, que, se eu vir os vossos três nomes ou vossas imagens exibidos num amuleto sobre um recém--nascido, prometo poupá-lo." Até esse dia eles concordaram; contudo, Deus puniu Lilith, fazendo com que uma centena de seus filhos demônios pereçam diariamente, e se Lilith não pudesse exterminar um bebê humano, devido ao amuleto angelical, voltar-se-ia, vingativamente, contra os seus próprios filhos.[12]

A figura 22 mostra um amuleto popular, de proteção contra Lilith, com as imagens dos três anjos de Deus reproduzidas duas vezes. As imagens à esquerda são, nitidamente, parecidas com pássaros. A figura 23 também retrata os três anjos, com a forma de pássaros, acima de uma Lilith excepcionalmente calva. Jung

---

[12] Ver "Alpha Beta Ben Sira", in *Otzar Midrashim*, Nova York, J. D. Eisenstein, 1915, organizado por J. D. Eisenstein, vol. I, pp. 46-47.

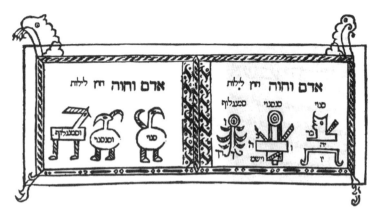

Figura 22. Amuleto medieval para se proteger de Lilith mostrando duas vezes os três anjos, Sanvai, Sansanvai e Semangelof. Acima dos anjos, nos dois compartimentos, aparecem as palavras: "Adão, Eva, longe de Lilith." Junto com os nomes dos anjos, no compartimento da direita, estão várias palavras mágicas, tais como *chai*, a palavra hebraica para "vida". O texto acima do diagrama arrola os nomes dos setenta anjos, enquanto abaixo do diagrama encontram-se encantamentos dirigidos a Lilith. (De Sepher Raziel, obra cabalística do século XI, impressa em Amsterdã em 1701.)

observa que "os anjos são, de fato, pássaros... e que, na tradição judaica, os anjos são masculinos. O simbolismo dos três anjos é importante porque significa a superior trindade espiritual e etérea em conflito com o *uno* poder feminino inferior."[13]

O Zohar descreve, em linhas gerais, os termos da luta pelo poder entre Lilith e Deus:

---

[13] Jung, *Symbols of Transformation*, pp. 248ss.

E que espécie de almas são essas tão violentamente despojadas e afastadas para longe? Há um mistério por trás disso. Trata-se de almas que ainda estão no seio. O Senhor, vendo que, se continuarem neste mundo, perderão seu doce sabor, seu aroma de pureza e, por assim dizer, prevendo que se tornarão azedas como vinagre, colhe-as na infância, enquanto seu sabor ainda é doce, e permite que sejam arrebatadas por essa "criada", isto é, por Lilith [96b], a qual, no momento em que elas lhe são confiadas, carrega-as, com maligna satisfação, para outras regiões. Não pense que, se não tivessem sido removidas, poderiam ter feito algum bem no mundo. Pois está escrito: "Se ela (a alma) não agradar ao mestre", isto é, ao homem em que está hospedada, ele fará com que ela, com o passar do tempo, se torne azeda. É essa alma, e não outra, que é arrebatada. Contudo, por outro lado, isso não significa que o Senhor tenha predeterminado essa alma a ficar sob o domínio da impureza a partir do exato dia da sua criação. Absolutamente! Pois, na revolução da roda, quando a alma exalar um bom odor, "ele permitirá que ela seja redimida", isto é, o Senhor a redimirá de seu penoso cativeiro e a alçará até as mais elevadas alturas, para permanecer ao Seu lado.

E não se deve pensar que, por ter sido um dia furtada pelo poder impuro, o Senhor a condenará perpetuamente a ingressar no corpo de piedosos gentis ou de bastardos estudiosos. Não! "Ele não terá o poder de vendê-la a uma nação estranha." Ela voltará ao corpo de um israelita e não de um estrangeiro. E quando for redimida do cativeiro da "roda da impureza", "ela não partirá para o exterior, como fazem os criados", mas receberá sua coroa com a cabeça erguida. Tampouco se pensará que o "lado da impureza" colocou a alma na criança: pois o poder impuro apenas se apoderou, por assim dizer, da alma e se divertiu com ela até que ingressasse no corpo daquela criança. Mas o poder impuro visita ocasionalmente a criança e almeja possuir o seu corpo. Depois de algum tempo, o Senhor toma em Suas próprias mãos a tutela dessa alma, e o poder maligno obtém o domínio do corpo. Contudo, finalmente, corpo e alma tornam-se posse do Senhor (na Ressurreição) (Zohar II 96a-b).

Desse modo, essas almas infantis que, de outra maneira, azedariam e tornar-se-iam avinagradas, permanecem sob a custódia de Lilith durante uma única volta da roda, sendo, em seguida, redimidas por Deus.

Contudo, pode-se perguntar de que modo, afinal, essas almas azedas e imperfeitas vêm ao mundo? A resposta remonta à época em que Caim matou Abel e em que Adão separou-se de sua mulher durante 130 anos, quando manteve relações com Lilith e gerou os "flagelos da humanidade", ou até mesmo a uma época anterior a essa, quando se conta que:

Eva gerou Caim da imundície da serpente Samael e, por conseguinte, dele descendem todas as gerações perversas, e do seu lado está a morada de espíritos e demônios. Portanto, todos os espíritos e demônios são metade da classe dos seres humanos abaixo e metade da classe dos anjos acima. Assim também, aqueles que mais tarde nasceram de Adão eram metade da esfera inferior e metade da esfera superior. Depois que estes nasceram de Adão, a partir daqueles espíritos, ele gerou filhas com a beleza dos seres celestiais e também com a beleza dos seres mais inferiores, de modo que os filhos de Deus se extraviaram, seguindo-as. Um varão veio ao mundo da parte do espírito partido de Caim e eles o chamaram Tubal Caim. Uma menina veio com ele e foi chamada Naama (ou Lilith a Jovem), e dela vieram outros espíritos e demônios; estes pairam no espaço e contam coisas àqueles outros que estão embaixo. Esse Tubal Caim fabricou armas de guerra e essa Naama uniu-se à sua própria facção maligna, e ela ainda existe, tendo sua morada entre as ondas do grande mar. Ela sai, diverte-se com os homens e deles concebe através

Figura 23. Amuleto em pergaminho mostrando os três anjos, Sanvai, Sansanvai e Semangelof acima de uma Lilith excepcionalmente calva. (Cortesia de *Sir* Isaac and *Lady* Edith Wolfson Museum Collection, Jerusalém.)

de seus lúbricos sonhos. Dessa luxúria ela engravida e gera novas espécies no mundo. Os filhos que ela tem dos seres humanos mostram-se às mulheres humanas, que deles engravidam e geram espíritos, e todos eles dirigem-se à antiga Lilith, que os cria. Ela anda pelo mundo e procura (77a) seus filhos, e quando vê criancinhas, gruda-se nelas a fim de matá-las e insinuar-se em seus espíritos.

Há, contudo, três espíritos sagrados que voam diante dela, tiram-lhe esse espírito, colocam-no diante do Senhor, abençoado seja, e, na Sua presença, ensinam. Assim, protegem a criança e ela não pode fazer-lhe mal. Mas se um homem não é santo e atrai sobre si um espírito da facção impura, ela vem e se diverte com essa criança, e se ela a mata, penetra em seu espírito e nunca o deixa. Você pode objetar: e as outras que ela matou, embora os três anjos a tivessem enfrentado e tivessem resgatado os seus espíritos? Já que elas não estavam do lado da impureza, porque ela tinha o poder de matá-las? Isso acontece quando um homem não se santifica e, apesar de não ter a intenção de se contaminar, acaba se contaminando. Nesses casos, ela tem poder sobre o corpo, mas não sobre o espírito. Ocorre, às vezes, que Naama sai a fim de ter relações com os homens, e um homem une-se a ela pela luxúria; de repente, ele acorda e abraça sua mulher, embora sua mente ainda esteja dominada pela luxúria de seu sonho. Neste caso, o

Figura 24. Amuleto (Curdistão) de proteção contra o mau-olhado e os perigos de Lilith na hora do parto. Deus é invocado através do Nome de oito letras e do Nome de vinte e duas letras. O Salmo 121 – onde se afirma que o Sol não os molestará de dia, *nem a Lua de noite* – e o Gênesis 49:22 – que diz que José é uma parreira fértil – também estão inscritos aqui. (Extraído de *Hebrew Amulets,* de T. Schrire, Routledge & Kegan Paul, Londres, 1966. Usado com permissão.)

Figura 25. Amuleto de proteção do Curdistão. Deus é invocado através do nome Ehyeh e do Nome de vinte e duas letras; são também invocados vários anjos, entre eles Sanvai, Sansanvai e Semangelof. Lilith, a primeira Eva, é repelida e, em nome de outros anjos mais, bem como em nome do rabi Meir, invoca-se a saúde, sobretudo em relação aos perigos do parto. (Extraído de *Hebrew Amulets,* de T. Schrire, Routledge & Kegan Paul, Londres, 1966. Usado com permissão.)

filho assim gerado pertence à facção de Naama e, quando Lilith sai, ela o vê e sabe o que aconteceu, e o cria como aos outros filhos de Naama, e ele está frequentemente com ela, e ela não o mata. Este é o homem que recebe uma marca a cada Lua Nova. Pois Lilith nunca os abandona, mas a cada Lua Nova ela sai e visita todos os que ela criou e com eles se diverte: a partir daí, esse homem recebe uma marca nessa época. Tais coisas foram reveladas ao rei Salomão pelo livro de Asmodai, e nele encontramos mil e quatrocentas e cinco formas de contaminação que podem afetar os homens. Ai daqueles que fecham os olhos e não observam nem tomam nenhum cuidado para se defenderem no mundo! O conselho e a cura estão diante deles, mas não fazem caso, pois não podem se salvar, a não ser pelo conselho da Torah, onde está escrito: "Santificai-vos e sede sagrados, pois Eu sou o Senhor vosso Deus." (Zohar III 76b-77a).

Os três espíritos sagrados que voam diante de Lilith não são outros senão os três anjos enviados por Deus para tentar trazer Lilith de volta, após ela ter fugido de Adão. No que diz respeito à individuação feminina, é importante notar que o poder de Lilith é idêntico, no sentido do impasse, às forças de Jeová. O confronto entre Lilith e os três anjos termina num

Figura 26. Amuleto da Pérsia para ser usado em partos, contra os perigos de Lilith e contra o mau-olhado. O Salmo 67, poema em louvor a Deus, e os três anjos, Sanvai, Sansanvai e Semangelof, são invocados. (Extraído de *Hebrew Amulets*, de T. Schrire, Routledge & Kegan Paul, Londres, 1966. Usado com permissão.)

Figura 27. Amuleto cabalístico repleto de nomes de anjos que são, ocasionalmente, repetidos. Deus é invocado através do Tetragrama; Shaddai também é invocado através do Nome de oito letras e do Nome de quatorze letras; são usados os quadrados mágicos. O amuleto é, de modo geral, benéfico, invocando o Salmo 121 e os três anjos como proteção contra Lilith para as mulheres em trabalho de parto. Suas origens são desconhecidas. (Extraído de *Hebrew Amulets*, de T. Schrire, Routledge & Kegan Paul, Londres, 1966. Usado com permissão.)

eterno empate entre os poderes superior e inferior, entre o masculino e o feminino. É como se Lilith, enquanto lado escuro de Deus, *anima* vingadora e chama da espada giratória, retivesse boa parte do poder da antiga Deusa sobre o nascimento, a vida e a morte das crianças.

Um confronto análogo entre as forças masculina e feminina, superior e inferior, ocorre no seguinte conto:

Certa vez, o profeta Elias caminhava ao longo da estrada quando encontrou a perversa Lilith acompanhada por todo o seu bando.

"Onde vais, imunda criatura", perguntou ele, "tu e todo o teu bando imundo?"

"Senhor", ela respondeu, "estou a caminho da casa da Senhora X, que espera uma criança. Vou mergulhá-la no sono da morte, pegar seu filho, sugar-lhe o sangue, secar--lhe a medula e lacerar-lhe a carne."

"Não", gritou o profeta. "A maldição de Deus cairá sobre ti, e serás detida e transformada numa pedra muda!"

"Isso não!", implorou a bruxa. "Pelo amor de Deus, livra-me dessa maldição e irei embora; e eu te prometo, pelo nome de Jeová, Deus dos exércitos de Israel, desistir de meu intento contra essa mulher e sua criança. Além disso, todas as vezes que, no futuro, os homens recitarem

Figura 28. Neste amuleto do Marrocos, menciona-se o reino de Zamargad, de Lilith. O Salmo 91:11, que diz: "Ele a colocará sob os cuidados de Seus anjos", e o nome mágico de Deus, Shaddai, bem como o Tetragrama, são invocados na qualidade de um atento sentinela de seu usuário, protegendo-o contra a diminuição da Lua. Observe, na parte inferior, as duas luas crescentes. As outras duas luas crescentes se extraviaram. (Extraído de *Hebrew Amulets*, de T. Schrire, Routledge & Kegan Paul, Londres, 1966. Usado com permissão.)

Figura 29. O verso da figura 28. A inscrição, nas costas do amuleto, diz: "Em nome de Kuzer, um nome de quatorze letras, Yah, protegerás o portador deste amuleto de *Shiddim*, dos espíritos, de *Lilim* e de qualquer coisa maligna Eternamente, Selá, para sempre, Amém." (Extraído de *Hebrew Amulets*, de T. Schrire, Routledge & Kegan Paul, Londres, 1966. Usado com permissão.)

Figura 30. Este amuleto persa tem a seguinte inscrição: "Amém, Eternamente, Selá, para sempre. Abençoado seja Seu glorioso Nome Soberano para sempre, Amém. Assim seja". O Salmo 121 e Provérbios 3:8, que diz: "Isto será remédio para o teu umbigo", são invocados para a proteção contra Lilith no parto. (Extraído de *Hebrew Amulets*, de T. Schrire, Routledge & Kegan Paul, Londres, 1966. Usado com permissão.)

Figura 31. Este amuleto persa invoca o Nome de Deus de quarenta e duas letras, bem como os três anjos, Sanvai, Sansanvai, Semangelof, para a proteção das mulheres em parto. (Extraído de *Hebrew Amulets*, de T. Schrire, Routledge & Kegan Paul, Londres, 1966. Usado com permissão.)

Figura 32. Utilizando o Monograma e o Trigrama, ao lado do Salmo 121, a inscrição deste amuleto do Curdistão invoca a proteção de Deus contra Lilith na hora do parto. (Extraído de *Hebrew Amulets*, de T. Schrire, Routledge & Kegan Paul, Londres, 1966. Usado com permissão.)

meus nomes, ou eu os vir escritos, tanto eu como meu bando não teremos o poder de fazer mal ou ferir. E sejam esses os meus nomes:

Lilith, Abitr, Abito, Amorfo, Khods, Ikpodo, Ayylo, Ptrota, Abnukta, Strine, Kle Ptuza, Tltoi Pritsa."[14]

Gaster assinala que cada um desses nomes de Lilith descreve um aspecto diferente da qualidade demoníaca feminina. (Ver figuras 24-33.) Ikpodo e Ayylo significam voo veloz e vento de tempestade, e se referem às harpias da mitologia clássica. Strine é uma alteração de *Strega*, a *strix* grega para a coruja--das-torres; de seus nomes para bruxa raptora de crianças, Amorfo significa disforme e feia, enquanto Khods significa a alada, Abnukta, noturna, e Kle Ptuza significa a mulher que rouba crianças. De novo, vemos que Lilith não pode ser banida, nem mesmo por Deus, mas pode ser mantida à distância através de um pleno e consciente conhecimento e entendimento da sua sombria natureza feminina.

Percebe-se que a consciência *tanto* dos nomes dos três anjos de Deus *como* dos muitos nomes de Lilith é necessária para proteger a mulher contra os poderes destrutivos de Lilith. Um antigo manuscrito babilônico sugere as seguintes salvaguardas contra Lilith: coloque uma agulha perto do pavio de um

---

[14] Gaster, *The Holy and the Profane*, p. 22.

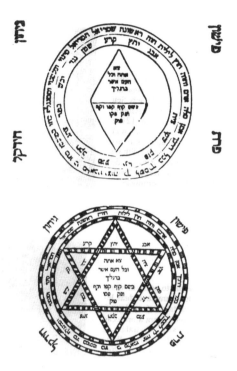

Figura 33. As mulheres que não tinham recursos para adquirir amuletos de prata ou de metal costumavam utilizar como amuleto o círculo mágico, que era traçado nas paredes ou no piso do quarto da parturiente. Esses dois círculos contêm as palavras: Adão, Eva, Lilith, a primeira Eva, Sanvai, Sansanvai e Semangelof, o Nome de quatorze letras, Salmo 91:11, Amém, Selá e o Nome de quarenta e duas letras. Do lado de fora do círculo, estão os nomes dos quatro rios do Paraíso. São usados triângulos, entrecortando-se, no círculo superior. No círculo inferior, há um triângulo em cima de outro. Acreditava-se que, pela redução gradual do tamanho das palavras individuais num encantamento, o espírito mau se desprenderia aos poucos de sua vítima, e sua influência seria reduzida à medida que as próprias palavras fossem sendo diminuídas. (Extraído de *Sepher Raziel,* obra cabalística do século XI, publicada em Amsterdã em 1701. Cortesia da Library of the Jewish Theological Seminary of America.)

candeeiro, ou coloque uma medida de trigo no quarto da parturiente a ser protegida contra Lilith.[15] Esses utensílios de costura e medida lembram a observação de Marie-Louise von Franz de que "... o mistério do parto está basicamente associado às ideias de fiação e tecelagem, bem como às complexas atividades femininas que consistem em reunir elementos naturais numa determinada ordem".[16] Recontar os diversos nomes de Lilith, ou seja, vivenciá-la conscientemente, em suas inúmeras formas, parece fazer parte do processo de dar à luz o Eu feminino.

Uma mulher grávida, às vésperas do parto, foi acometida por um intenso desejo sexual. Ela aproximou-se do marido, mas ele, com receio de machucar a criança, não teve relações com ela. A mulher sonhou que outra mulher, extremamente linda, de porte bem maior que o natural, estava fazendo amor com ela de um modo tão sensual que ela foi violentamente sacudida por um intenso orgasmo. A mulher acordou e percebeu que as contrações do orgasmo tinham se transformado nas primeiras dores do parto.

De modo análogo, uma colega me contou que, quando começou a escrever sobre "sua Deusa", viu-se dominada por intenso desejo sexual e precisou deitar-se no soalho de seu escritório e masturbar-se antes de conseguir continuar a obra.

---

[15] Patai, *The Hebrew Goddess*, p. 229.
[16] Von Franz, *The Feminine in Fairy Tales*, pp. 38-39.

Mais recentemente, ouvi histórias semelhantes de mulheres escritoras que não estão escrevendo nada a respeito da Deusa, mas simplesmente escrevendo, ou expressando-*se*.

Lilith e Shekhina

(Deus o) Rei dispensou Shekhina e pôs no seu lugar a criada Lilith. Esta criada, Lilith, reinará um dia sobre a Terra santa abaixo, como certa vez reinou Shekhina, mas o Senhor, abençoado seja, restituirá um dia à Matrona o seu lugar e, nesse dia, quem regozijará como o Rei e a Matrona? – o Rei, porque voltou para ela e se despediu da criada, e Shekhina, porque estará de novo unida ao Rei. Por isso está escrito: "Regozijai muitíssimo, ó filha de Sião" etc. Observe ainda que está escrito: "Isto será para vós um estatuto perpétuo" (Lv 16:29). Esta promessa é um decreto do Rei, firmado e selado (Zohar III 69a-b).

De acordo com a Cabala, tanto Lilith como Shekhina são aspectos do Eu feminino. No reino da santidade, a décima *Sephira*,* ou a mais inferior, é Malkuth, que é idêntica a Shekhina, a Matrona Divina e esposa de Deus. Correspondentemente, a décima *Sephira* ou a mais inferior da impureza é Lilith. O Zohar diz que:

---

* *Sephira:* na Cabala, cada uma das dez emanações ou atributos de Deus. (N.T.)

... Antes de Israel cair no cativeiro e durante o tempo em que Shekhina ainda estava com eles, Deus ordenou a Israel: "Não descobrirás a nudez de tua mãe" (Lv 18:7). Mas os filhos de Israel desobedeceram e descobriram a nudez de Shekhina; por isso está escrito: "Por vossos pecados, vossa mãe foi repudiada" (Is 50:1), isto é, pelo pecado da incontinência Israel foi enviado para o cativeiro, bem como Shekhina, e isto é a descoberta de Shekhina. Esta incontinência é Lilith, a mãe da "multidão misturada." (Zohar I 27b).

Neste trecho, estão retratados dois aspectos do Eu feminino: Shekhina, a amada de Deus, o lado feminino que nele habita, e Lilith, sua "descoberta" ou "incontinência". Esta descoberta de Shekhina é interpretada como o significado de que os israelitas procuraram outros deuses durante os primeiros anos bíblicos. Eles adoraram ídolos de Asherah e Astarte, queimaram incenso em lugares altos para o filho da Deusa, e para Baal, seu esposo (cf. II Reis 23:13), e as mulheres ofereceram libações e bolos à Rainha dos Céus (Jr 7:18), em busca de uma forma feminina do Eu.

Tanto Lilith como Shekhina são formas do Eu feminino essencialmente órfãs de mãe. Elas surgiram com o advento do patriarcado como a encarnação dos aspectos negligenciados e rejeitados da Grande Deusa. Lilith é a parte do feminino que é vivida como a bruxa, a proscrita e a sombra sedutoras. Shekhina também vem "repousar" sobre um homem quando este está longe da esposa (Zohar I 49b-50a), também é uma proscrita e está no exílio, "... faminta, exausta e sedenta no deserto. Ele viu Shekhina ressecada, murcha e seca..." (Zohar I 23b).

Esses dois aspectos do Eu feminino exilado foram vividos por uma analisanda que teve o seguinte sonho, enquanto se conscientizava de seu complexo de Lilith: "Uma mulher corpulenta, pesada, de pele escura e desamparada agarrou-me logo que passei por uma porta. Ela me apertou de encontro ao chão, quase me sufocando, e não me deixaria levantar enquanto eu não negociasse com ela."

Essa mulher tivera um apaixonado caso extraconjugal no qual se identificara com a natureza ardente e livre de Lilith, ativamente sedutora e com liberdade de escolha. Ela fez com que um homem deixasse a esposa e dormisse sozinho; então, seduziu-o. Durante meses, o caso se manteve ardoroso e livre, mas bastou que o amante mencionasse as exigências da realidade para que ela, subitamente e com a causticante fúria de Lilith, terminasse o caso. Em poucas semanas, seu fogo esfriou e ela entrou numa profunda e intensa depressão. Sentia-se fria e doente, não tomava mais banho e vestia-se com as mesmas roupas todos os dias. Então, inesperadamente, viu seu amante com a esposa. Ele estava asseado e, obviamente, feliz e mais saudável do que no dia em que ela terminara o caso. Nessa mesma noite, ela teve o sonho.

No processo de análise do sonho, através da imaginação ativa, ela descobriu que a mulher escura, pesada e desamparada chamava-se Serafina. Serafina disse que não deixaria a mulher se levantar, a menos que ela prometesse hospedá-la, banhá-la, ungi-la, vesti-la com lindas roupas e a deixasse morar em sua casa para sempre. A mulher aceitou os termos de Serafina; ela compreendeu que precisava encontrar o significado interior do seu intenso caso amoroso, e as duas começaram a viver juntas.

Serafina contou à mulher, em imaginações ativas posteriores, que ela também fora amada e que, na verdade, recebera seu nome daqueles anjos ou Serafins, que "ardem com o fervor do amor". Ela disse que estivera presente todas as vezes que a mulher abraçara seu amante.

O Zohar relata que "a Shekhina superior e a Shekhina inferior estarão reunidas na união entre o homem e a mulher..." (Zohar I 50b). Quando o caso terminou, disse Serafina, ela ficou desolada. Vagou pelo exílio com as roupas de um mendigo (como está descrito no Zohar I 23b). A lamentação de Shekhina, na falta do enlace físico entre os aspectos masculino e feminino do Eu, é descrita no Zohar:

> À meia-noite, Matronit dirige-se àquele ponto em Sião, o local do Santíssimo Santuário. Ela vê que ele foi destruído

e que o local de sua moradia e seu leito foram profanados. Ela chora e lamenta. Vai de um lado para outro, do Alto ao Abaixo e do Abaixo ao Alto. Olha para o local dos Querubins. Chora de amargura e diz aos gritos: "Meu leito, meu leito! Ó minha casa!" A respeito desse lugar está escrito: "Em meu leito de noite procurei Aquele a quem minha alma ama, procurei, mas não O encontrei" (Ct 3:1). "Minha cama, leito de Matronit!" Ela chora, grita e diz: "Meu leito! Lugar do meu Templo! Lugar de finas pérolas na Cortina! Abrigo da Arca Sagrada, que foi salpicada com duas mil miríades de pedras preciosas, fileira após fileira, linha após linha, uma após a outra! Fileiras de romãs estavam dispostas em seus quatro lados. O mundo existia por sua causa. Em seu interior, o Senhor do Mundo, meu Esposo, vinha até mim, deitava-se entre meus braços e tudo o que eu Lhe pedia Ele fazia. Nessa época, Ele vinha até mim, introduzia-me na sua morada e brincava entre os meus seios. Meu leito, meu leito! Não te lembras como nos dirigíamos alegres a ti e com o coração feliz, e como aquelas jovens donzelas vinham ao meu encontro, batendo com júbilo suas asas para me receber? A poeira ergueu-se no teu lugar! E vê como a Arca da Torah, que aqui estava, foi esquecida! Daqui saía o sustento de todo o mundo e luz e bênçãos para todos. Estou à procura do meu Esposo, mas Ele não está aqui. Procuro em todos os lugares! A esta hora, meu Esposo vinha até mim e, ao seu redor, muitos jovens piedosos e todas aquelas donzelas estavam prontas para recebê-lo, e ouvíamos ao longe o som de um par de guizos que tilintavam em Seus pés, de modo que O ouvíamos se aproximando antes mesmo que chegasse até mim. Todas as minhas criadas louvavam e aclamavam diante do Senhor, abençoado seja.

Em seguida, todos se dirigiam ao local de seu assento e nós ficávamos sozinhos. Nós nos abraçávamos e nos beijávamos apaixonadamente. Meu Esposo, meu Esposo! Para onde foste? Esta é a hora em que eu Te via. Procuro em cada canto, mas não estás aqui. Onde devo procurar-Te, onde não Te procurei ainda? Este é o Teu lugar, esta é a hora de vires até mim. Eis que estou aqui! Tu me esqueceste? Não te recordas daqueles dias em que nos amamos, em que nos deitávamos enlaçados e Tua imagem imprimia-se em mim e minha imagem imprimia-se em Ti, como o selo deixa sua impressão numa folha de papel? Aqui deixei minha imagem em Ti para que brinques com ela enquanto estou no meio de minhas hastes."

Ela rompe em pranto e grita "Meu Esposo, meu Esposo! A luz de meus olhos tornou-se sombria! Não te lembras de como passavas Teu braço ao redor da minha cabeça, e eu me deleitava com a Tua força, e Teu braço direito me enlaçava ardentemente e Tu me juravas, beijando-me, que nunca deixarias de me amar?"[17]

Algumas semanas depois da imaginação ativa na qual Serafina descreveu sua desolação e exílio, a mulher sonhou outra vez com Serafina. Desta vez, ela era uma mulher sábia, um oráculo, vestida com uma suntuosa túnica azul-celeste e sentada num trono de um reino subterrâneo por ela governado. Neste sonho, os aspectos Lilith e Shekhina da paciente haviam sido reunidos e transformados numa poderosa imagem do Eu feminino.

Lilith é aquela parte da Grande Deusa que foi rejeitada e expulsa no período pós-bíblico. Ela representa as qualidades do Eu feminino que Shekhina, sozinha, não possui. A primeira dessas qualidades é a consciência lunar, uma conexão com os ciclos crescente e minguante: vida, morte e renascimento; e com a Deusa enquanto moça, mulher e velha. Lilith a Jovem é Naama, a moça e sedutora. Lilith a Velha é a assassina de crianças, bruxa e raptora, enquanto Lilith, em si mesma, é a "mãe da multidão misturada", a Deusa da Vida e da Morte e a chama da espada giratória.

A segunda qualidade rejeitada da Deusa, representada por Lilith, é o corpo – instintividade e sexualidade. No período

---
[17] Patai, *Gates to the Old City*, pp. 450-452. Citado com permissão.

patriarcal, a mulher é vista como receptáculo e mãe; sua sexualidade limita-se ao proscrito enlace conjugal, ou é idealizada e espiritualizada na Virgem e "Espaçosa como os Céus". Lilith não se enquadra em nenhum desses dois casos. Ela é prostituta e está ligada à Terra. Sua sexualidade pertence a si mesma e à Deusa.

Em terceiro lugar, tanto Lilith como Shekhina representam a rejeitada qualidade da Deusa do conhecimento profético interior e da experiência acima da lógica ou da lei. Em virtude de Lilith seguir as pegadas do rebanho, como a sombra mais escura do Eu, ela é diretamente sentida e vivida no interior da própria pessoa, sem sofrer a mediação da palavra ou da lei. Lilith conhece o nome mágico de Deus e ousa usá-lo em sua fuga de Adão. Lilith é um aspecto mais jovem da Deusa e não precisa extorquir o poder da palavra dos Deuses paternos. Ela já o tem.[18]

A quarta e última qualidade feminina que Lilith possui é aquela do Deus mãe e criadora, além do Deus pai e criador. Neste sentido, Lilith é *Adamah,* a Terra mãe feminina e vermelha na natureza da mulher. Ela é a parte do Eu feminino com a qual a mulher moderna precisa voltar a se relacionar, a fim de

---

[18] Talvez esse poder lhe tenha sido legado pela sua antiga antecessora, Ísis, que usou o poder de sua serpente para afastá-la do pai, Rá. Esta sugestão amorosa pertence a Beverley Zabriskie que, com conhecimento de causa, escreve sobre Ísis. (Tese não publicada, C. G. Jung Institute, Nova York, 1980.)

não ser mais uma proscrita espiritual. Lilith pode ajudar as mulheres a lembrar-se de que:

> Houve um tempo em que não eras uma escrava, lembra-te disso. Caminhavas sozinha, alegre, e banhavas-te com o ventre nu. Dizes que perdeste toda e qualquer lembrança disso, recorda-te... Dizes que não há palavras para descrevê-lo, dizes que isso não existe. Mas lembra-te. Faze um esforço e recorda-te. Ou, se não o conseguires, inventa.[19]

---

[19] Monique Wittig, *Les Guérillères*, Nova York, Bard Books, 1969, p. 89.

BIBLIOGRAFIA

As principais fontes de informações deste livro são:

The Zohar. Cinco volumes, traduzido por Harry Sperling e Maurice Simon. Nova York, Rebecca Bennet Publications, sem data; Londres, Socino Press, 1984.

The Babylonian Talmud. Rabino I. Epstein. Ed. Londres, Socino Press, 1978.

The Jerusalem Bible. Nova York, Doubleday and Co., 1961.

The Holy Scriptures According to the Masoretic Text. Dois volumes. Filadélfia, The Jewish Publication Society of America, 1955.

Ginzberg, Louis. *The Legends of the Jews.* Sete volumes. Filadélfia, The Jewish Publication Society of America, 1909.

Patai, Raphael. *Gates to the Old City.* Nova York, Avon, 1980.

_____. *The Hebrew Goddess.* Hoboken, Ktav Publishing House, 1967.

Relação das obras citadas:

Atwood, Margaret. *Surfacing.* Nova York, Popular Library, 1976.

Ben Gorion, Micha Joseph. *Mimekor Yisrael.* Três volumes, Bloomington, Indiana University Press, 1976.

Bialer, Yehuda L., e Fink, Estelle. *Jewish Life in Art and Tradition.* Jerusalém, Hechal Schlomo, 1980.

Buber, Martin. *Tales of the Hasidim.* Dois volumes. Nova York, Schocken Books, 1948.

Engel, Marian. *Bear.* Nova York, Bantam Books, 1977.

Eisenstein, J. D. ed. "Alpha Beta Ben Sira", in *Otzar Midrashim*, org. Dois volumes, Nova York, J. D. Eisenstein, 1915.

Fortune, Dion. *Moon Magic.* York Beach, ME, Samuel Weiser, 1956. (*A Sacerdotisa da Lua*, Pensamento, São Paulo, 1988.)

Gaster, Theodor H. *Myth, Legend and Custom in the Old Testament.* Dois volumes. Nova York, Harper Torchbooks, 1975.

_____. *The Holy and the Profane.* Nova York, William Morrow & Co., 1980.

Goldreich, Gloria. *Leah's Journey.* Nova York, Berkely Books, 1978.

Gould, Lois. *Sea Change.* Nova York, Avon, 1976.

Graves, Robert, e Patai, Raphael. *Hebrew Myths: The Book of Genesis.* Nova York, McGraw-Hill Book Co., 1963.

Hadas, Pamela. *The Passion of Lilith,* St. Louis, The Cauldron Press, 1976. Também incluído em *In Light of Genesis.* Filadélfia, The Jewish Publication Society of America, 1981.

Harding, M. Esther. *Woman's Mysteries.* Nova York, The C. G. Jung Foundation, 1971.

Jung, C. G. *Alchemical Studies.* Princeton, Princeton University Press, Bollingen Series, vol. XIII, 1967.

_____. *Letters.* Dois volumes. Princeton, Princeton University Press, Bollingen Series, vol. XCV, 1973.

_____. *Psychology and Alchemy.* Princeton, Princeton University Press, Bollingen Series, vol. XII, 1953.

_____ *Symbols of Transformation.* Princeton, Princeton University Press, Bollingen Series, vol. V, 1956.

_____. *The Visions Seminars.* Dois volumes. Zurique, Spring Publications, 1976.

Jung, Emma. *Animus and Anima.* Nova York, Spring Publications, 1969.

Kluger, Rivkah Scharf. *Psyche and Bible.* Zurique, Spring Publications, 1974.

Kramer, Samuel. *Sumerian Mythology.* Filadélfia, University of Pennsylvania Press, 1972.

Kulbak, Moyshe. "Lilith" in "The Messiah of the House of Ephraim", in *Great Works of Jewish Fantasy and Occult*. Compilação, tradução e introdução de Joachim Neugroschel, Woodstock, NY, Overlook Press, 1986.

Laurence, Margaret. *The Fire Dwellers*. St. Albans, Herts., UK, Panther, 1969.

Lind, Jakov. "Lilith and Eve", in *Imperial Messages*. Howard Schwartz, ed. Nova York, Avon, 1976.

Moore, C. L. "Fruit of Knowledge", in *The Best of C. L. Moore*. Nova York, Ballantine Books, 1975.

Mayse Book. "Haninah and the Frog", in *Great Works of Jewisn Fantasy and Occult*. Compilação, tradução e introdução de Joachim Neugroschel, Woodstock, NY, Overlook Press, 1986.

Neumann, Erich. "The Stages of Feminine Development". Nova York, Spring Publications, 1959.

_____. *The Great Mother*. Princeton, Princeton University Press, Bollingen Series, vol. XLVII, 1972.

Nin, Anais. "Lilith", in *The Delta of Venus*. San Diego, Harcourt Brace Jovanovich,1977.

Ombras, Rosanna. "The Song of Lilith", in *A Big Jewish Book*. Jerome Rothenberg, org. Garden City, Anchor Books, 1978.

Rich, Adrienne. "Natural Resources", in *The Dream of a Common Language*. Nova York, W. W. Norton, 1978.

Rivlin, Lilly. "Lilith", in *Ms*. Vol. I, n° 6, dez. 1972.

Scholem, Gershom. *Kabbalah*. Nova York, Quadrangle, 1974.

Schrire, T. *Hebrew Amulets*. Londres, Routledge & Kegan Paul, 1966.

Schwartz, Howard. "Lilith's Cave", in *Midrashim: Collected Jewish Parables*. Londres, The Mendard Press, 1976.

_____. "The Tale of Lilith". Ilustrado por Tsila Schwartz. In *Rooms of the Soul*, Chappaqua, NY, Rossel Books, 1984.

Schwartz, Lynn Sharon. *Disturbances in the Field*. Nova York, Bantam Windstone, 1985.

Singer, Isaac Bashevis. "The Mirror", in *Gimpel the Fool*. Nova York, Avon, 1957.

Stone, Merlin. *When God was a Woman*. San Diego, Harcourt Brace Jovanovich, 1978.

Trachtenberg, Joshua. *Jewish Magic and Superstition*. Filadélfia, Meridian Books, Jewish Publication Society of America, 1961.

Von Franz, Marie-Louise. *The Feminine in Fairytales*. Nova York, Spring Publications, 1972.

Williams, Selma, e Williams, Pamela J. "The Owl" de Grimm, in *Riding the Nightmare*. Nova York, Atheneum, 1978.

Wittig, Monique. *Les Guérillères*, Nova York, Bard Books, 1969.

Woolf, Virginia. "Professions for Women", in *The Death of the Moth and Other Essays*, San Diego, Harcourt Brace Jovanovich, 1970.

Além destas, as obras suplementares abaixo, de ficção, não-ficção e poesia, têm como base a figura de Lilith:

Browning, Robert. "Adam, Lilith and Eve", in *The Poetical Works of Robert Browning*. G. Robert Stranger, ed. Boston, Houghton Mifflin, 1974.

Collier, Ada Longworthy. *Lilith*. Boston, D. Lothrop & Co., 1885.

Corelli, Marie. *The Soul of Lilith*. Amherst, WI, Inspired Novels, 1962.

Erskine, John. *Adam and Eve. Though He Knew Better*. Londres, Eveleigh Nash & Grayson, Ltd., 1928.

France, Anatole. "The Daughter of Lilith", in *Balthazar*. Londres, John Lane Co., 1909 (1889).

Frisch, Wendy Laura. "Lilith Recollects Genesis", in *Gates to the New City: A Treasury of Modern Jewish Tales*. Organização e introdução de Howard Schwartz, Nova York, Avon, 1983.

Goldstein-Jacobson, Ivy M. *The Dark Moon Lilith in Astrology*. Alhambra, CA, Frank Severy, 1961.

Gourmont, Remy de. *Lilith*. Peça traduzida do francês por John Heard. Boston, John W. Luce Co., 1946 (1892).

Hoffield, Jeffrey M. "Adam's Two Wives", in *Metropolitan Museum of Art Bulletin*, n° 26, jun. 1968, pp. 430-440.

Katz, Menke. "Lilith, Angel of Sin", in *Pulpsmith*, vol. 2, n° 2, Nova York, verão, 1982.

Kurz, Isolde. *Die Kinder der Lilith*. Stuttgart e Berlim, J. G. Cotta'ache Buchandlung Nachfolger, 1908.

Levi, Primo. "Lilith in the Lager", in *Gates to the New City*, Howard Schwartz, ed. Nova York, Avon, 1983.

Liptzin, Sol. "Rehabilitation of Lilith", in *Biblical Themes in World Literature*, Hoboken, Ktav Publishing House, 1985.

MacDonald, George. *Phantases and Lilith*. Grand Rapids, MI, Wm. B. Eerdmans Publishing Co., 1962 (1858).

Nachmann, Rabino de Breslov. "The King and the Emperor", in *Rabbi Nachmann's Stories*. Aryeh Kaplan, ed. Brooklyn, Breslov Research Institute, 1983.

Nelson, Stanley. "Nightdrifter's Daughter", in *Pulpsmith*. Vol. 2, nº 2, Nova York, verão, 1982.

Peretz, I. L. "Monish", in *The Collected Works of Peretz*. Vol. 1, p. 177. Nova York, The Jewish Book Agency, 1921 (em iídiche).

Piercy, T. E. "Lilith and the Sport of My Mad Mother", *in Astrology* (U.K.). Vol. 41, nº 4, pp. 109-121, 1967.

Rossetti, Dante Gabriel. "Eden Bower"; "Soul's Beauty" (Soneto LXXVII); e "Body's Beauty" (Soneto LXXVIII), in *Ballads and Sonnets*. Portland, ME, Thomas B. Mosher, 1903.

Salamanca, J. R. *Lilith*. Londres, David Bruce & Watson, 1961.

Schwartz, Howard. "Lilith", in *Midrashim: Collected Jewish Parables*. Londres, The Menard Press, 1947.

Shaw, George Bernard. *Back to Methuselah*. Nova York, Oxford University Press, 1947.

Skeen, Anita, e Classon, Kay L. "The Book of Lilith", in *Pulpsmith*. Vol. 2, nº 2, Nova York, verão, 1982.

Southworth, E. D. E. N. *Lilith*, Nova York, R. Bronner's Sons, 1891.

Sterling, George. *Lilith*, San Francisco, A. M. Robinson, 1919.

Villiers, Margot. *The Serpent of Lilith*. Nova York, Pocket Books, 1976.

Youngblood, Corey. "A Sailor's Song", in *Pulpsmith*. Vol. 2, nº 2. Nova York, verão, 1982.

As seguintes antologias contêm contos adicionais sobre Lilith:

Lilith's Cave: Jewish Tales of the Supernatural. Selecionados e recontados por Howard Schwartz, San Francisco, Harper & Row, 1987.

Gates to the New City: A Treasury of Modern Jewish Tales. Organizado e com uma introdução de Howard Schwartz, Nova York, Avon, 1983.